高等院校数字艺术精品课程系列教材

电商视觉设计

张亚丽 孙丕波 方舟 主编／段石林 副主编

全彩慕课版

人民邮电出版社
北京

图书在版编目（CIP）数据

电商视觉设计：全彩慕课版 / 张亚丽，孙丕波，方舟主编. -- 北京：人民邮电出版社，2025. --（高等院校数字艺术精品课程系列教材）. -- ISBN 978-7-115-67195-0

Ⅰ. F713.36；J062

中国国家版本馆 CIP 数据核字第 20259FT968 号

内 容 提 要

本书全面、系统地介绍电商视觉设计的相关知识和基本设计流程，包括初识电商视觉设计、商品图片精修与视觉合成、商品营销推广图设计、PC 端海报设计、手机端海报设计、商品详情页设计、活动专题页设计、PC 端店铺首页设计、手机端店铺首页设计和商品视频拍摄与制作等内容。

本书以课堂案例为主线展开讲解，通过案例操作，学生可以快速熟悉设计思路和制作流程。知识点讲解部分用于帮助学生系统地了解电商视觉设计的各类规范，课堂练习和课后习题部分用于帮助学生熟悉各应用领域的电商视觉设计要领，学以致用，提高实际应用能力。

本书可作为高等院校数字媒体类专业电商视觉设计课程的教材，也可作为对电商视觉设计感兴趣的读者的参考书。

- ◆ 主　　编　张亚丽　孙丕波　方　舟
　　副 主 编　段石林
　　责任编辑　王亚娜
　　责任印制　王　郁　焦志炜
- ◆ 人民邮电出版社出版发行　　北京市丰台区成寿寺路 11 号
　　邮编　100164　　电子邮件　315@ptpress.com.cn
　　网址　https://www.ptpress.com.cn
　　北京捷迅佳彩印刷有限公司印刷
- ◆ 开本：787×1092　1/16
　　印张：15.5　　　　　　　　　　2025 年 8 月第 1 版
　　字数：394 千字　　　　　　　　2025 年 8 月北京第 1 次印刷

定价：79.80 元

读者服务热线：(010)81055256　　印装质量热线：(010)81055316
反盗版热线：(010)81055315

前言

本书全面贯彻党的二十大精神，以社会主义核心价值观为引领，传承中华优秀传统文化，坚定文化自信。为使本书内容更好地体现时代性、把握规律性、富于创造性，编者对本书进行了精心的设计。

如何使用本书

第一步，学习基础知识，了解电商视觉设计的概念与常识。

基本概念

电商是电子商务的简称，视觉设计是指利用图像、文字、颜色等视觉元素进行图文设计，可以达到信息传播的目的。电商视觉设计是指在网页设计和平面设计结合的基础之上，加入用户体验和人机交互，通过互联网传播信息，进行商品销售相关内容的设计，如图1-1所示。

图1-1

电商视觉设计常用的软件可分为图1-6所示的三类，其中视觉设计类包括平面和三维的视觉处理。

常用软件

图1-6

第二步，练习课堂案例，熟悉设计流程，掌握制作方法。

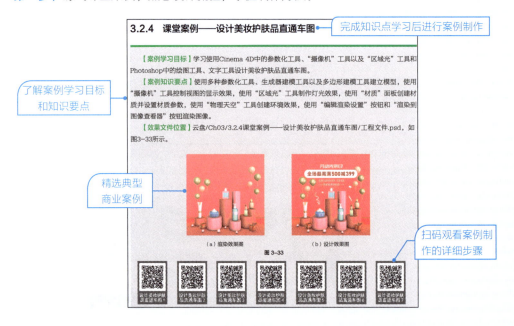

3.2.4 课堂案例——设计美妆护肤品直通车图 完成知识点学习后进行案例制作

【案例学习目标】学习使用Cinema 4D中的参数化工具、"摄像机"工具以及"区域光"工具和Photoshop中的绘图工具、文字工具设计美妆护肤品直通车图。

【案例知识要点】使用多种参数化工具、生成器建模工具以及多边形建模工具建立模型，使用"摄像机"工具控制视图的显示效果，使用"区域光"工具制作灯光效果，使用"材质"面板创建材质并设置材质参数，使用"物理天空"工具创建环境效果，使用"编辑渲染设置"按钮和"渲染到图像查看器"按钮渲染图像。

【效果文件位置】云盘/Ch03/3.2.4课堂案例——设计美妆护肤品直通车图/工程文件.psd，如图3-33所示。

了解案例学习目标和知识要点

精选典型商业案例

(a) 渲染效果图　　　　(b) 设计效果图

图3-33

扫码观看案例制作的详细步骤

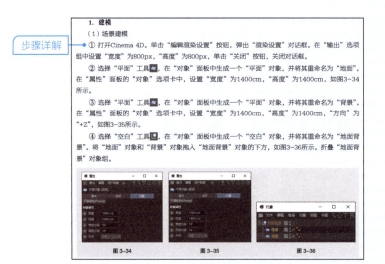

步骤详解

1. 建模

(1) 场景建模

① 打开Cinema 4D。单击"编辑渲染设置"按钮，弹出"渲染设置"对话框。在"输出"选项组中设置"宽度"为800px，"高度"为800px，单击"关闭"按钮，关闭对话框。

② 选择"平面"工具 📐，在"对象"面板中生成一个"平面"对象，并将其重命名为"地面"。在"属性"面板的"对象"选项卡中，设置"宽度"为1400cm，"高度"为1400cm，如图3-34所示。

③ 选择"平面"工具 📐，在"对象"面板中生成一个"平面"对象，并将其重命名为"背景"。在"属性"面板的"对象"选项卡中，设置"宽度"为1400cm，"高度"为1400cm，"方向"为"+Z"，如图3-35所示。

④ 选择"空白"工具 📦，在"对象"面板中生成一个"空白"对象，并将其重命名为"地面背景"。将"地面"对象和"背景"对象拖入"地面背景"对象的下方，如图3-36所示。折叠"地面背景"对象组。

图3-34　　　　图3-35　　　　图3-36

第三步，完成课堂练习，提高实际应用能力。

3.4 课堂练习——设计入耳式耳机直通车图

【练习知识要点】使用Photoshop的绘图工具、文字工具制作入耳式耳机直通车图，最终效果如图3-154所示。

【效果文件位置】云盘/Ch03/3.4课堂练习——设计入耳式耳机直通车图/工程文件.psd。

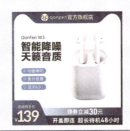

扫码观看操作视频

4.4 课堂练习——设计美味零食海报

【练习知识要点】使用Cinema 4D的造型工具、文本工具设计美味零食海报，最终效果如图4-54所示。

【效果文件位置】云盘/Ch04/4.4课堂练习——设计美味零食海报/工程文件.c4d。

图4-54

第四步，独立演练课后习题，学以致用，拓展设计思路。

举一反三

7.6 课后习题——设计坚果店铺年货盛典手机端活动专题页

【习题知识要点】使用Photoshop的绘图工具、文字工具设计坚果店铺年货盛典手机端活动专题页，最终效果如图7-207所示。

【效果文件位置】云盘/Ch07/7.6课后习题——设计坚果店铺年货盛典手机端活动专题页/工程文件.psd。

图7-207

学以致用

8.9 课后习题——设计数码产品 PC 端店铺首页

【习题知识要点】使用Photoshop的绘图工具、文字工具设计数码产品PC端店铺首页，最终效果如图8-106所示。

【效果文件位置】云盘/Ch08/8.9课后习题——设计数码产品PC端店铺首页/工程文件.psd。

图8-106

配套资源

- 所有案例的素材文件及最终效果文件。
- 本书 10 章的 PPT 课件。
- 教学大纲。
- 配套教案。

读者可登录人邮教育社区（www.ryjiaoyu.com）搜索本书，在本书页面中免费下载资源。

登录人邮学院网站（www.rymooc.com）或扫描封底的二维码，使用手机号码完成注册，在首页右上角单击"学习卡"，输入封底刮刮卡中的激活码，可在线观看本书配套的慕课视频。

教学指导

本书的参考学时为 64 学时，其中实训环节分配的学时为 32 学时，各章的参考学时参见下面的学时分配表。

章	内 容	学 时 分 配	
		讲 授	实 训
第 1 章	初识电商视觉设计	2	
第 2 章	商品图片精修与视觉合成	2	2
第 3 章	商品营销推广图设计	2	2
第 4 章	PC 端海报设计	2	4
第 5 章	手机端海报设计	4	4
第 6 章	商品详情页设计	4	4
第 7 章	活动专题页设计	4	4
第 8 章	PC 端店铺首页设计	4	4
第 9 章	手机端店铺首页设计	4	4
第 10 章	商品视频拍摄与制作	4	4
学时总计		32	32

由于编者水平有限，书中难免存在不足之处，敬请广大读者批评指正。

编者

2025 年 5 月

目录

─01─

第1章　初识电商视觉设计

1.1 电商视觉设计的基本概念 2

1.2 电商视觉设计师的工作内容 2

1.3 电商视觉设计常用的软件 3

 1.3.1 Photoshop 4

 1.3.2 Cinema 4D 4

 1.3.3 Premiere 4

1.4 电商视觉设计的项目流程 5

1.5 电商视觉设计的规范与规则 6

 1.5.1 单位介绍 6

 1.5.2 页面构成 7

 1.5.3 栅格系统 8

 1.5.4 文字规则 10

1.6 电商视觉设计的设计基础 12

 1.6.1 基础元素 12

 1.6.2 色彩搭配 13

 1.6.3 字体表现 13

 1.6.4 版式构图 15

─02─

第2章　商品图片精修与视觉合成

2.1 商品图片精修 18

 2.1.1 精修的核心要素 18

 2.1.2 精修的常用技法 19

 2.1.3 理解光影与材质 20

 2.1.4 课堂案例——精修护发发膜瓶器图片 21

2.2 视觉合成 23

 2.2.1 合成的基本类型 23

 2.2.2 合成的透视知识 23

 2.2.3 合成的光影表现 25

 2.2.4 课堂案例——合成室内空间场景 28

2.3 课堂练习——精修茶叶包装图片 32

2.4 课后习题——合成室外写实场景 32

─03─

第3章　商品营销推广图设计

3.1 主图设计................................34

 3.1.1 主图的基本概念 34

 3.1.2 主图的设计尺寸 34

 3.1.3 主图的设计方法 35

 3.1.4 课堂案例——设计科技布沙发主图 35

3.2 直通车图设计 38

 3.2.1 直通车图的基本概念 38

 3.2.2 直通车图的设计尺寸 40

 3.2.3 直通车图的设计方法 40

 3.2.4 课堂案例——设计美妆护肤品直通车图 41

3.3 钻展图设计 58

 3.3.1 钻展图的基本概念 58

 3.3.2 钻展图的设计尺寸 58

 3.3.3 钻展图的设计方法 59

 3.3.4 课堂案例——设计美食活动钻展图 60

3.4 课堂练习——设计入耳式耳机直通车图...............64

3.5 课后习题——设计护肤面膜钻展图 65

5.5　课后习题——设计美味茶饮
　　　手机端海报 99

—04—

第4章　PC端海报设计

4.1　PC端海报的基本概念 67

4.2　PC端海报的类型与尺寸 67
　　4.2.1　PC端全屏海报 67
　　4.2.2　PC端常规海报................. 67

4.3　PC端海报的表现手法 68
　　4.3.1　摄影 68
　　4.3.2　合成 68
　　4.3.3　手绘 69
　　4.3.4　三维 69
　　4.3.5　课堂案例——设计西湖龙井
　　　　　 海报.............................. 69

4.4　课堂练习——设计美味零食
　　　海报 76

4.5　课后习题——设计沐浴露海报 ... 77

—05—

第5章　手机端海报设计

5.1　手机端海报的基本概念............ 79

5.2　手机端海报的类型与尺寸 79
　　5.2.1　手机端竖版海报 79
　　5.2.2　手机端横版海报................. 79

5.3　手机端海报的设计特点 80
　　5.3.1　内容更为简洁 80
　　5.3.2　布局适配性强 80
　　5.3.3　重视动态效果 81
　　5.3.4　课堂案例——设计家用电器
　　　　　 手机端海报 81

5.4　课堂练习——设计丹东草莓
　　　手机端海报 98

—06—

第6章　商品详情页设计

6.1　商品详情页概述 101

6.2　商品焦点图设计..................... 101
　　6.2.1　商品焦点图的基本概念 101
　　6.2.2　商品焦点图的设计规则 102
　　6.2.3　课堂案例——设计实木沙发
　　　　　 商品焦点图 102

6.3　卖点提炼模块设计 104
　　6.3.1　卖点提炼的基本概念 104
　　6.3.2　卖点提炼模块的设计规则... 105
　　6.3.3　课堂案例——设计实木沙发
　　　　　 卖点提炼模块 105

6.4　商品展示模块设计 108
　　6.4.1　商品展示的基本概念 108
　　6.4.2　商品展示模块的设计规则... 108
　　6.4.3　课堂案例——设计实木沙发
　　　　　 商品展示模块................ 108

6.5　细节展示模块设计 111
　　6.5.1　细节展示的基本概念 111
　　6.5.2　细节展示模块的设计规则... 112
　　6.5.3　课堂案例——设计实木沙发
　　　　　 细节展示模块................ 112

6.6　商品信息模块设计 114
　　6.6.1　商品信息的基本概念 115
　　6.6.2　商品信息模块的设计规则... 115
　　6.6.3　课堂案例——设计实木沙发
　　　　　 商品信息模块................ 115

6.7　其他模块设计 118
　　6.7.1　其他模块的基本概念 118
　　6.7.2　其他模块的设计规则 119

电商视觉设计（全彩慕课版）

6.7.3　课堂案例——设计实木沙发
其他模块 119

6.8　课堂练习——设计温和洗面奶
商品详情页 121

6.9　课后习题——设计入耳式蓝牙
耳机商品详情页 122

7.6　课后习题——设计坚果店铺年货
盛典手机端活动专题页 161

━ 07 ━

第 7 章　活动专题页设计

7.1　活动专题页的基本类型 124

7.2　活动专题页的表现形式 125
7.2.1　矩形排列 126
7.2.2　场景展示 126

7.3　PC 端活动专题页的页面设计 .. 126
7.3.1　PC 端活动专题页的设计
尺寸 127
7.3.2　PC 端活动专题页的页面
结构 127
7.3.3　PC 端活动专题页的设计
要点 128
7.3.4　课堂案例——设计家电平台
初春换新 PC 端活动
专题页 130

7.4　手机端活动专题页的页面
设计 145
7.4.1　手机端活动专题页的设计
尺寸 145
7.4.2　手机端活动专题页的页面
结构 145
7.4.3　课堂案例——设计家电平台
初春换新手机端活动
专题页 146

7.5　课堂练习——设计坚果店铺年货
盛典 PC 端活动专题页 161

━ 08 ━

第 8 章　PC 端店铺首页设计

8.1　PC 端店铺首页概述 164

8.2　店招与导航栏设计 164
8.2.1　店招与导航栏的基本
概念 164
8.2.2　店招与导航栏的设计
规则 165
8.2.3　课堂案例——设计实木家具
PC 端店铺首页店招与
导航栏 165

8.3　轮播海报设计 168
8.3.1　轮播海报的基本概念 168
8.3.2　轮播海报的设计规则 168
8.3.3　课堂案例——设计实木家具
PC 端店铺首页轮播海报 ... 168

8.4　优惠券设计 170
8.4.1　优惠券的基本概念 170
8.4.2　优惠券的设计规则 171
8.4.3　课堂案例——设计实木家具
PC 端店铺首页优惠券 171

8.5　分类模块设计 174
8.5.1　分类模块的基本概念 174
8.5.2　分类模块的设计规则 174
8.5.3　课堂案例——设计实木家具
PC 端店铺首页分类模块 ... 175

8.6　商品展示模块设计 178
8.6.1　商品展示的基本概念 178
8.6.2　商品展示模块的设计规则 ... 178
8.6.3　课堂案例——设计实木家具
PC 端店铺首页商品展示
模块 179

8.7　底部信息模块设计 182
　　8.7.1　底部信息的基本概念 182
　　8.7.2　底部信息模块的设计规则... 183
　　8.7.3　课堂案例——设计实木家具 PC
　　　　　 端店铺首页底部信息模块 ... 183
8.8　课堂练习——设计护肤品 PC 端
　　　店铺首页 186
8.9　课后习题——设计数码产品 PC 端
　　　店铺首页 187

第9章　手机端店铺首页设计

9.1　手机端店铺概述 189
　　9.1.1　设计手机端店铺的必要性... 189
　　9.1.2　手机端店铺与 PC 端店铺的
　　　　　 区别 189
　　9.1.3　手机端店铺的设计关键点... 191
9.2　手机端店铺首页的设计规则.....191
　　9.2.1　轮播海报的设计规则 192
　　9.2.2　优惠券的设计规则............ 192
　　9.2.3　分类模块的设计规则 193
　　9.2.4　商品展示模块的设计规则... 193
　　9.2.5　底部信息模块的设计规则... 193
　　9.2.6　课堂案例——设计实木家具
　　　　　 手机端店铺首页............... 194
9.3　课堂练习——设计护肤品手机端
　　　店铺首页.........................204

9.4　课后习题——设计数码产品手机端
　　　店铺首页.........................205

第 10 章　商品视频拍摄与制作

10.1　商品视频的基础知识 207
　　10.1.1　视频概述 207
　　10.1.2　商品视频的类型............ 207
10.2　商品视频拍摄 208
　　10.2.1　商品视频拍摄器材的
　　　　　　准备 208
　　10.2.2　商品视频的拍摄流程 213
　　10.2.3　课堂案例——拍摄手冲咖啡
　　　　　　的主图视频 215
10.3　商品视频制作 221
　　10.3.1　Premiere Pro CC 2020
　　　　　　基本操作 221
　　10.3.2　商品视频的制作流程 228
　　10.3.3　课堂案例——制作手冲咖啡
　　　　　　的主图视频 229
10.4　课堂练习——拍摄体育用品的
　　　 页面视频.........................235
10.5　课后习题——制作体育用品的
　　　 页面视频.........................236

01

第1章

初识电商视觉设计

第1章简介

▶ 本章介绍

　　随着移动互联网的发展以及消费结构的升级，电商行业亦趋向成熟，同时行业对于电商视觉设计从业人员的要求也产生了变化，因此想要从事电商视觉设计行业工作的人员需要系统地学习相关知识并更新自己的知识体系。本章对电商视觉设计的基本概念、电商视觉设计师的工作内容、常用的软件，以及电商视觉设计的项目流程、规范与规则、设计基础进行系统讲解。通过学习本章，学生可以对电商视觉设计有一个系统的认识，有助于高效地进行后续的电商视觉设计学习。

▶ 学习引导

知识目标

- 熟悉电商视觉设计的基本概念
- 熟悉电商视觉设计师的工作内容
- 熟悉电商视觉设计常用的软件

能力目标

- 熟悉电商视觉设计的项目流程
- 了解电商视觉设计的规范与规则

素养目标

- 培养对电商视觉设计的兴趣
- 培养获取新知识的基本能力

1.1 电商视觉设计的基本概念

电商是电子商务的简称，视觉设计是指利用图像、文字、颜色等视觉元素进行图文设计，可以达到信息传播的目的。电商视觉设计是指在网页设计和平面设计结合的基础之上，加入用户体验和人机交互，通过互联网传播信息，进行商品销售相关内容的设计，如图1-1所示。

图 1-1

1.2 电商视觉设计师的工作内容

电商视觉设计师（以下简称设计师）主要围绕网店需求展开相关工作，具体工作内容包括以下4个方面。

1. 拍摄、美化商品

商品拍摄是开设网店的重要一步，商品拍摄通常需要由专业的摄影师完成。但随着摄影器具的普及化、大众化，很多时候设计师会直接进行商品的拍摄，并对商品图片进行设计和美化，以保证商品图片可以呈现出比较理想的视觉效果，打动消费者，如图1-2所示。

2. 设计促销活动

电商平台会不定期举行各种促销活动，这就需要设计师能够根据活动主题，完成活动期间店铺首页或平台活动页的设计，如图1-3所示。

图 1-2

图 1-3

2

3. 设计商品详情页

设计师除了需要进行商品图片的处理、促销活动的设计还应该能够设计对应商品的详情页，如图1-4所示。

4. 运营和推广商品

设计师还需要站在消费者角度，深入挖掘消费者的浏览习惯和点击需求，根据商品的上架情况和促销信息设计主图、直通车图、海报等促销广告，如图1-5所示。

图 1-4

图 1-5

1.3 电商视觉设计常用的软件

电商视觉设计常用的软件可分为图1-6所示的三类，其中视觉设计类包括平面和三维的视觉处理。

图 1-6

1.3.1　Photoshop

Photoshop是由Adobe公司出品的功能强大的图形图像处理软件之一，是集编辑修饰、制作处理、创意编排、图像输入输出于一体的图形图像处理软件，如图1-7所示。

图1-7

1.3.2　Cinema 4D

Cinema 4D是由德国公司Maxon开发的一款可以进行建模以及动画制作、模拟、渲染的专业软件，如图1-8所示。

4

图1-8

1.3.3　Premiere

Premiere是由Adobe公司开发的一款视频编辑软件，如图1-9所示。Premiere拥有强大的视频剪辑功能，可以对视频进行采集、剪切、组合、拼接等操作。

图 1-9

1.4　电商视觉设计的项目流程

电商视觉设计的项目流程可以细分为6个步骤，如图1-10所示。

（a）需求分析

（b）素材收集

（c）视觉设计

（d）审核修改

（e）完稿切图

（f）上传装修

图 1-10

1. 需求分析

设计师通常会通过文案与相关主题先明确商品的卖点及用户，初步确定设计风格。

2. 素材收集

设计师根据初步确定的设计风格，进行相关的素材收集以及整理，为接下来的视觉设计做准备。

3. 视觉设计

设计师使用Photoshop、Illustrator、Cinema 4D等相关软件，按照之前的分析和构思进行视觉方面的整体设计。

4. 审核修改

对于电商视觉设计项目，设计师通常要使用软件中的修图、调色及合成等功能对作品进行处理，然后再反复审核、修改，以达到合适的效果。

5. 完稿切图

在设计稿完成后，设计师需要使用Photoshop等相关软件对作品进行切图处理，并对切图进行整理工作，以便后续在网店进行上传。

6. 上传装修

最后设计师应将完稿后的切图上传到后台的素材中心，进行网店的装修。

1.5　电商视觉设计的规范与规则

遵循电商视觉设计的规范与规则可以保证电商视觉设计的可行性与可用性。下面分别从单位介绍、页面结构、栅格系统和文字规则这4个方面展开讲解。

1.5.1　单位介绍

1. 英寸

英寸（inch，in）是英式的长度单位，也是用于表示显示设备尺寸的单位，一般1in≈2.54cm，如图1-11所示。

（a）27英寸的台式计算机　　　　　　　　（b）14英寸的笔记本电脑

图1-11

2. 像素

像素（pixel，px）是组成屏幕画面最小的点。电商视觉设计中，像素是用于表示页面尺寸的单位，如图1-12所示。

图 1-12

分辨率（resolution）即屏幕中像素的数量，它等于画面水平方向的像素值×画面垂直方向的像素值。屏幕尺寸一样的情况下，分辨率越高，显示效果就越精细，如图1-13所示。

图 1-13

1.5.2　页面构成

1. 店铺首页的页面构成

在PC（Personal Computer，个人计算机）端中，店铺首页通常由店招与导航、轮播海报、优惠券、分类模块、商品展示和底部信息构成，如图1-14所示（全图见二维码）。在手机端中，店铺首页除了尺寸的变化，其页面构成与PC端的几乎相同。设计部分店铺首页时，设计师可根据商家需求，自行选择加入文字标题、店铺热搜、排行榜和逛逛更多等模块，如图1-15所示（全图见二维码）。

图 1-14（局部）

图 1-15（局部）

2. 商品详情页的页面构成

在PC端中，商品详情页通常由主图、左侧区域以及详情区域构成，如图1-16所示（全图见二维码）。在手机端中，商品详情页除了尺寸的变化，其页面构成与PC端的相比缺少了左侧区域，如图1-17所示（全图见二维码）。

图 1-16（局部）　　　　　　　　图 1-17（局部）

1.5.3　栅格系统

栅格系统也称为网格系统。设计师利用一系列垂直和水平的参考线，将页面分割成若干个有规律的列或单元格，再以这些单元格为基准，进行页面的布局设计，使页面布局规范、简洁、有秩序，如图1-18所示。

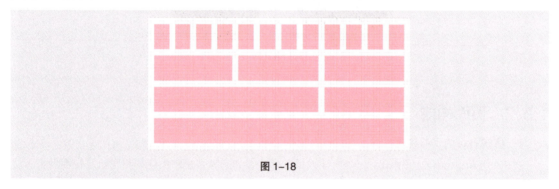

图 1-18

1. 栅格系统的组成

（1）单元格

栅格系统由格子组成网，因此其基本单位是单元格。栅格系统需要先定义好栅格的最小单位，然后以最小单位去定义栅格系统。在PC端，常见的最小单位有4像素、6像素、8像素、10像素、12像素。目前主流计算机设备的屏幕分辨率在竖直方向与水平方向上基本都可以被8整除，同时以8像素作为最小单位，视觉上也能感受到较为明显的差异，因此推荐使用8像素作为单元格的边长，如图1-19所示。使用8像素作为单元格的边长建立网格后，便需要使用8的倍数设置元素及元素之间的间距尺寸。同时注意不要全都套用8的倍数，可以优先用8像素，当跨度太大时也可以使用其他常见的最小单位。

（2）列+水槽+边距

确定好单元格后，需要确定列、水槽和边距这3个元素，如图1-20所示。其中列是放置内容的区域。水槽是列与列之间的距离，有助于分离内容。边距是内容与屏幕左、右边缘之间的距离。

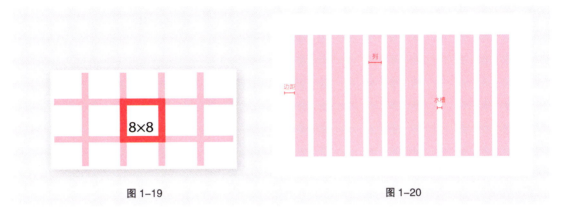

图 1-19　　　　　　　　　　　　　　　　　　　　图 1-20

2. 栅格系统的搭建

（1）确定屏幕宽度

搭建栅格系统的第一步是确定屏幕宽度，针对不同的设计项目，屏幕宽度设置也会不同。在PC端电商视觉设计中，屏幕宽度通常设置为1920px。在手机端电商视觉设计中，电商平台屏幕宽度通常设置为750px，店铺首页屏幕宽度通常设置为1200px，如图1-21所示。

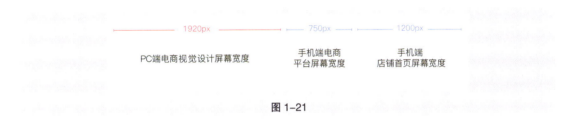

图 1-21

（2）确定栅格区域

确定好屏幕宽度后，接下来需要确定栅格区域。栅格区域应在结合屏幕尺寸的基础上，根据不同的布局方案进行确定。在屏幕宽度为1920px、上下布局的电商视觉设计中，栅格区域通常为屏幕中间的安全宽度区域，如图1-22所示。根据项目的不同，安全宽度也会发生变化。在屏幕宽度为1920px的设计尺寸中，常用平台的安全宽度如图1-23所示。

常用平台	淘宝	天猫	京东	Bootstrap 3.x	Bootstrap 4.x
安全宽度	950px	990px	990px	1170px	1200px

图 1-22　　　　　　　　　　　　　　　　　　　　图 1-23

（3）确定列数、水槽、边距

① 列数

PC端电商视觉设计常用的列数为12列，如图1-24所示。手机端电商视觉设计的列数则以6列和12列为主，如图1-25所示。

② 水槽

水槽以及横向间距的宽度可以依照最小单位8px为增量进行统一设置，如8px、16px、24px、32px、40px。其中24px最为常用，如图1-26所示。手机端电商视觉设计可根据App设计规范，采用24px、30px、32px、40px的水槽，建议采用30px或32px的水槽。

图 1-24 图 1-25

③ 边距

边距通常是水槽的0、0.5、1.0、1.5、2.0倍等。以屏幕宽度为1920px的设计稿为例，其栅格系统一般在1200px的安全宽度区域进行搭建，此时内容与屏幕左、右边缘已经有了一定距离，边距可以根据画面美观度及呼吸感进行选择，如图1-27所示。手机端电商视觉设计可根据App设计规范，采用20px、24px、30px、32px、40px以及50px的边距，建议采用30px以上的边距。

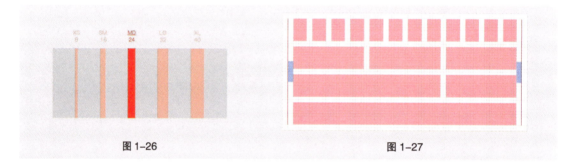

图 1-26 图 1-27

1.5.4 文字规则

1. 字号

进行PC端电商视觉设计时，以14pt为默认字号，并运用不同的字号和字重体现设计中的视觉信息层次，如图1-28所示。需要注意的是，字号值多采用偶数，因为采用奇数字号无法对齐像素，从而会造成模糊现象。进行手机端电商视觉设计时，可以参考iOS和Android提供的@2x字号规范，其中最小字号建议在20px以上，如图1-29所示。

图 1-28

iOS对于字号大小的建议

位置	字体	字重	字号(逻辑像素)	字号(实际像素)	行距	字间距
大标题	San Francisco(简称"SF")	Regular	34pt	68px	41	+11
标题一	San Francisco(简称"SF")	Regular	28pt	56px	34	+13
标题二	San Francisco(简称"SF")	Regular	22pt	44px	28	+16
标题三	San Francisco(简称"SF")	Regular	20pt	40px	25	+19
头条	San Francisco(简称"SF")	Semi-Bold	17pt	34px	22	-24
正文	San Francisco(简称"SF")	Regular	17pt	34px	22	-24
标注	San Francisco(简称"SF")	Regular	16pt	32px	21	-20
副标题	San Francisco(简称"SF")	Regular	15pt	30px	20	-16
注解	San Francisco(简称"SF")	Regular	13pt	26px	18	-6
注释一	San Francisco(简称"SF")	Regular	12pt	24px	16	0
注释二	San Francisco(简称"SF")	Regular	11pt	22px	13	+6

Android对于字号大小的建议

位置	字体	字重	字号	使用情况	字间距
标题一	Roboto	Light	96sp	正常情况	-1.5
标题二	Roboto	Light	60sp	正常情况	-0.5
标题三	Roboto	Regular	48sp	正常情况	0
标题四	Roboto	Regular	34sp	正常情况	0.25
标题五	Roboto	Regular	24sp	正常情况	0
标题六	Roboto	Medium	20sp	正常情况	0.15
副标题一	Roboto	Regular	16sp	正常情况	0.15
副标题二	Roboto	Medium	14sp	正常情况	0.1
正文一	Roboto	Regular	16sp	正常情况	0.5
正文二	Roboto	Regular	14sp	正常情况	0.25
按钮	Roboto	Medium	14sp	字符均大写	0.75
标题	Roboto	Regular	14sp	正常情况	0.4
注释	Roboto	Regular	10sp	字符均大写	1.5

图 1-29

2. 间距

（1）字间距

标题文字的字间距通常建议为字号的1/5以下，如标题文字字号是60pt时，字间距通常设置为-50～-20。内容文字由于字号较小，字间距需要适当加大，建议为字号的1/5以上，如内容文字字号是24pt时，字间距通常设置为20～50，如图1-30所示。

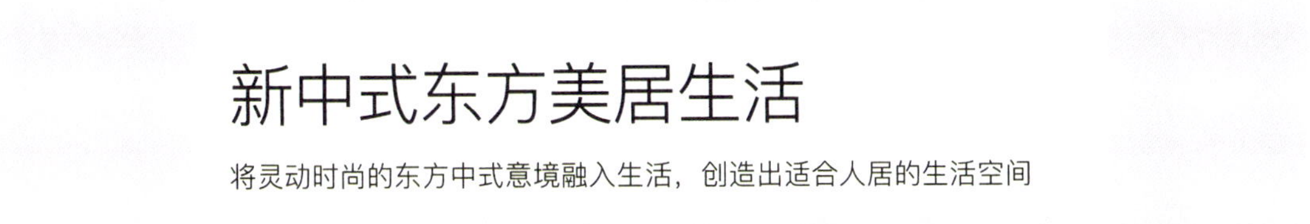

新中式东方美居生活

将灵动时尚的东方中式意境融入生活，创造出适合人居的生活空间

图 1-30

（2）行间距

行间距让行与行之间有了可呼吸的空间，行间距对文章的易读性有很大影响。行间距需要大于字间距，建议为字号的1/3～2/3。当排版标题文字时，行间距建议为字号的1/3，当排版内容文字时，行间距建议为字号的2/3，如图1-31所示。

（3）段间距

段间距能够保持页面的节奏，它的设置与字号有着密切联系。段间距建议设置为2～3个字号高度，如图1-32所示。

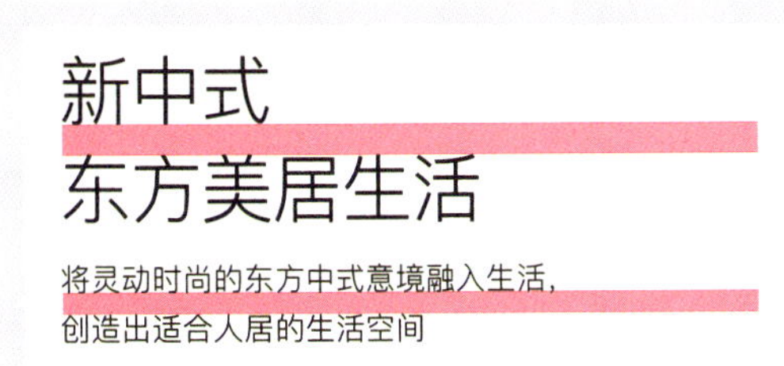

新中式
东方美居生活

将灵动时尚的东方中式意境融入生活，创造出适合人居的生活空间

图 1-31

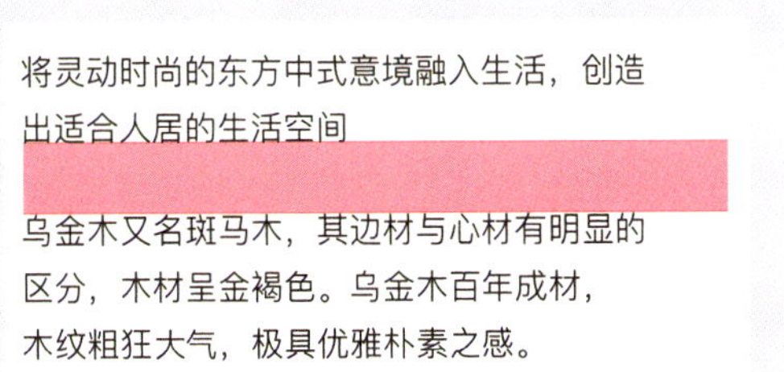

将灵动时尚的东方中式意境融入生活，创造出适合人居的生活空间

乌金木又名斑马木，其边材与心材有明显的区分，木材呈金褐色。乌金木百年成材，木纹粗犷大气，极具优雅朴素之感。

图 1-32

1.6 电商视觉设计的设计基础

下面分别从基础元素、色彩搭配、字体表现和版式构图这4个方面介绍电商视觉设计的设计基础。

1.6.1 基础元素

点、线、面是设计基础中的三大基础元素，电商视觉设计师在设计时将三者结合使用，可以营造出丰富的画面效果。

1. 点

点是构成一切形态的基础，是最基本的视觉单位，具有凝聚视觉的作用。点的形态多种多样，整体分为圆点、方点、角点等规则点和自由随意、任意形态的不规则点两类。通过改变点的大小、形态和位置，可以在画面中产生不一样的效果，如图1-33所示。

（a）规则点的应用　　　　　　　　　（b）不规则点的应用

图1-33

2. 线

线是点移动形成的轨迹，是一切面的边缘，具有分割画面和处理界限的作用。线的形态多种多样，总的来说，可以分为直线和曲线。通过改变线的粗细、图形、长短和角度，可以在画面中产生不一样的效果，如图1-34所示。

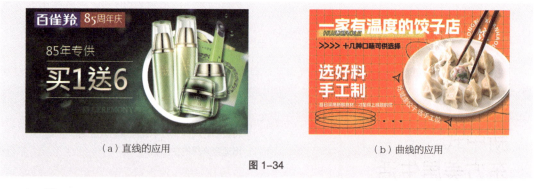

（a）直线的应用　　　　　　　　　（b）曲线的应用

图1-34

3. 面

面是线移动形成的轨迹，可以分为点型的面和线型的面以及两者结合的面。面的形态多种多样，针对网店设计，常用的面为方形、三角形以及圆形等几何形面和墨迹、泥点以及撕纸等非几何形面。通过改变面的形态，可以在画面中产生不一样的效果，如图1-35所示。

（a）几何形面的应用　　　　　　　　　　（b）非几何形面的应用

图1-35

1.6.2　色彩搭配

画面的色彩可以带给消费者强烈的视觉冲击，设计师应围绕主色、辅助色和点缀色运用科学的搭配方法，打造出色彩协调、舒适的画面。

1. 主色

主色是画面中占用面积最大、最为醒目的色彩，它决定了整个画面的颜色调性。设计师在选择主色时，应综合考虑商品风格、消费人群等因素，如图1-36所示。

2. 辅助色

辅助色是用于衬托主色的颜色，其占用面积仅次于主色的占用面积。使用辅助色可以使画面色彩更加丰富、美观，如图1-36所示。

3. 点缀色

点缀色是画面中占用面积最小但较为醒目的颜色。合理使用点缀色可以起到锦上添花的作用，如图1-36所示。

图1-36

1.6.3　字体表现

文字是设计的重要组成部分，与色彩相得益彰。设计师应选择符合画面风格的字体并使用合适的字号、间距等。

1. 排版字体

（1）宋体

宋体字笔画有粗细变化，通常是横细竖粗，且笔画末端有装饰部分，如点、撇、捺、钩等笔画有尖端，宋体属于衬线字体（serif）。宋体字有着纤细优雅、文艺时尚的特点，常用于珠宝首饰、美妆护肤等以女性消费者为主的电商内容中，如图1-37所示。

图 1-37

（2）黑体

黑体又称方体或等线体，笔画横平竖直，粗细相同，没有装饰部分。黑体字有着方正粗犷、朴素简洁的特点，常用于商品促销或电子数码和家用电器等电商内容中，如图1-38所示。

图 1-38

（3）圆体

圆体是由黑体演变而来的字体，它基于黑体的字形结构，并将笔画拐角处和笔画末端变为圆弧状。圆体有着圆润、柔和的特点，常用于以儿童、少女、甜蜜等为关键主题的电商内容中，如图1-39所示。

图 1-39

2. 手写字体

（1）书法体

书法体是指传统手写字体，可分为篆、隶、草、行、楷五大类。书法体有着自由多变、苍劲有力的特点，常用于需要表现传统、古典风格的电商内容中，如图1-40所示。

图 1-40

（2）钢笔体

钢笔体是指使用硬质笔尖书写的字体，钢笔体的笔画粗细变化较小，注重字形结构和线条走势。钢笔体有着清新文艺、轻松活泼的特点，常用于清新活泼的电商内容中，如图1-41所示。

图 1-41

3. 创意字体

创意字体是指非正常的、特殊的印刷用字体，可以起到美化的作用。创意字体有着美观醒目、变化丰富的特点，其使用范围非常广泛，既可以表现商品促销的内容，又可以营造轻松活泼的氛围，如图1-42所示。

图 1-42

1.6.4 版式构图

不同的版式构图会给消费者带来不同的视觉感受，设计师应使用合理的版式构图构造统一、协调的画面。

1. 分割构图

（1）左右构图

左右构图是指将画面按一定比例分割为左右两部分，主体可根据文案放置于画面的左部分或右部分，这种版式构图方式极具美学价值，能够表现出和谐与美感，如图1-43所示。

（2）上下构图

上下构图是指将画面按一定比例分割为上下两部分，主体通常放置于画面的下部分，用于承载视觉点，文字则放置于画面的上部分，用于承载阅读信息，这种版式构图方式呈现的视觉效果平衡且稳定，如图1-44所示。

图 1-43   图 1-44

（3）左中右构图

左中右构图是指将画面按一定比例分割成相等或不等的左、中、右3部分，"三分"后画面更有秩序，适用于文字较多、层级较复杂的内容，如图1-45所示。

2．居中构图

居中构图是指将主体放置于画面的中心位置，这种版式构图方式能够令主体快速吸引消费者的目光，并表现出稳定、均衡的感觉，如图1-46所示。需要注意的是，在使用该版式构图方式时，可以小面积加入装饰元素，以免画面显得呆板。

图 1-45   图 1-46

3．包围构图

包围构图是指利用文字或其他元素环绕主体，其具有很强的空间感和透视效果，同时能形成一定的视觉冲击力，如图1-47所示。

4．倾斜构图

倾斜构图是指将主体或多幅图进行倾斜编排，这种版式构图方式能够更好地呈现主体，表现出立体感、延伸感和运动感，如图1-48所示。

图 1-47   图 1-48

第 2 章

02

商品图片精修与视觉合成

第2章简介

▶ **本章介绍**

　　商品图片精修与视觉合成是电商视觉设计中的首要工作任务，通过精修与视觉合成后的商品图片能给消费者带来更强的购买欲望，从而提升销售量。本章针对商品图片精修中的精修的核心要素、精修的常用技法、理解光影与材质以及视觉合成中的合成的基本类型、合成的透视知识、合成的光影表现等知识进行系统讲解与演练。通过学习本章，学生可以掌握商品图片精修与视觉合成的方法和技巧。

▶ **学习引导**

知识目标

● 了解精修的核心要素

● 了解合成的基本类型

● 熟悉合成的透视知识

素养目标

● 培养细致、严谨的工作作风

● 提高视觉鉴赏能力

能力目标

● 掌握精修的常用技法

● 掌握视觉合成的方法

2.1 商品图片精修

商品图片精修能够提升商品的美观度，激发消费者的购买欲望。下面分别从精修的核心要素、精修的常用技法以及理解光影与材质这3个方面展开讲解。

2.1.1 精修的核心要素

精修的核心要素主要有光感、质感、色感、体积感以及结构。

1. 光感

光感是指整体画面感光度，设计师经常运用Photoshop中的"亮度/对比度"命令、"色阶"命令以及"曲线"命令调整画面光感，以呈现画面的层次感和通透性，如图2-1所示。

图2-1

2. 质感

商品的材质不同，所展现的质感也会不同，常见的材质有塑料材质、玻璃材质和金属材质等，如图2-2所示。设计师经常运用Photoshop中的"渐变叠加"命令、"添加杂色"命令以及修补工具加强商品图片的质感。

（a）塑料材质　　　　　　（b）玻璃材质　　　　　　（c）金属材质

图2-2

3. 色感

色感除了体现商品本身的颜色，还体现商品的环境色，如图2-3所示。设计师经常运用Photoshop中的"色相饱和度"命令以及图层混合模式加强商品图片的色感。

4. 体积感

体积感可以体现商品的立体感，只有给商品赋予强烈的明暗关系才能清晰地表现出体积感，如图2-4所示。设计师经常运用Photoshop中的画笔工具以及图层混合模式加强商品的体积感。

5. 结构

结构用于表示组成商品的基本图形，任何商品都可以被拆分成若干个几何图形，如图2-5所示。设计师经常运用Photoshop中的钢笔工具、图形工具以及"自由变换"命令对商品进行结构的拆分。

图 2-3   图 2-4   图 2-5

2.1.2 精修的常用技法

精修的常用技法根据精修的流程可以分为基础技法、结构技法、修瑕技法、铺光技法、材质技法及综合技法。

1. 基础技法

基础技法是正式精修的第一套技法，包括抠图、矫正塑形以及调色校正等。该技法通常需要使用Photoshop的"魔棒"工具、"橡皮擦"工具、"钢笔"工具、"变形"命令、"色阶"命令、"色相/饱和度"命令、"可选颜色"命令以及"曲线"命令。

2. 结构技法

结构技法是为需要精修的图片中的商品进行基本结构分层的技法，如图2-6所示，该技法可以结合2.1.1小节中的结构进行深入学习。

图 2-6

3. 修瑕技法

修瑕技法是对商品图片拍摄时的瑕疵进行修补的技法，通常需要使用Photoshop的"仿制图章"工具、"污点修复画笔"工具、"修复画笔"工具、"修补"工具及"内容感知移动"工具。

4. 铺光技法

铺光技法是调整商品画面光感的技法，需要注意光源照射下，商品所产生的三大面五大调以及不同材质的商品对于光源的不同反射情况，该技法可以结合2.1.3小节进行深入学习。

5．材质技法

材质技法是体现商品的不同材质的技法，不同材质的商品通过光源的照射会有不同的视觉呈现效果，该技法可以结合2.1.3小节进行深入学习。

6．综合技法

综合技法是将已经精修好的商品图片进行组合与添加场景的技法，如图2-7所示。该技法需要设计师具有较强的综合创意能力，可以结合2.2节进行深入学习。

图 2-7

2.1.3　理解光影与材质

1．光影与材质的关系

为商品添加清晰的光影，能够真实而生动地表现出商品的立体感。通过光源的照射，商品会形成明、暗、灰三大面。在三大面中，根据受光强弱的不同，商品还有很多明显的区别，可形成高光、中间调、明暗交界线、反光以及投影五大调，如图2-8所示。

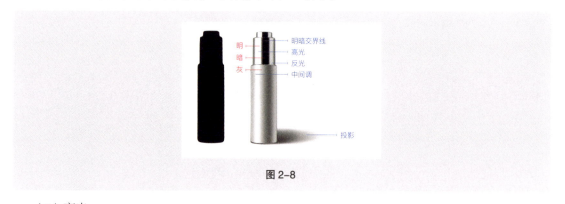

图 2-8

（1）高光

高光是商品最亮的部分，不同材质的商品的高光强度不一样。如在相同光源的照射下，材质越光滑的商品高光越强，材质越粗糙的商品高光越弱。

（2）中间调

中间调是商品本身的颜色。

（3）明暗交界线

明暗交界线是商品颜色最深的部分，它的深浅程度与光源强弱、距离以及商品材质都有关系。光源越强、距离越近且商品材质的硬度越高，明暗交界线颜色越深。

（4）反光

反光除了与光源强弱、距离以及商品材质有关，还会受到环境色的影响。材质越光滑的商品的反光受环境色的影响越大。

（5）投影

投影与光源强弱、距离以及商品材质同样有着密切的联系。透明材质商品的投影相对较弱，通常投影中越靠近商品的部分颜色越深，越远离商品的部分颜色越浅。

2．光影与材质的表现

电商视觉设计中，运用Photoshop中的渐变工具将常用的光影效果提前绘制并保存，能提升精修效率。其中单边光和对称光通常适用于圆柱体图形的瓶器商品，可以令商品更加立体，中亮光通常适用于透明材质的瓶器商品，可以提升商品的通透性，如图2-9所示。

单边光　　　　对称光　　　　中亮光

图 2-9

透明材质的商品两侧特别是边缘的明暗对比强烈。金属材质的商品整体明暗反差较大，从深色到浅色过渡的距离较短。塑料材质的商品整体明暗过渡均匀，高光柔和，如图2-10所示。

（a）透明材质的商品　　　　（b）金属材质的商品　　　　（c）塑料材质的商品

图 2-10

2.1.4　课堂案例——精修护发发膜瓶器图片

【案例学习目标】学习使用Photoshop的"污点修复画笔"工具精修护发发膜瓶器图片。

【案例知识要点】使用"污点修复画笔"工具修复图像，使用"创建新的填充或调整图层"按钮为图像校色。

【**效果文件位置**】云盘/Ch02/2.1.4课堂案例——精修护发发膜瓶器图片/工程文件.psd，如图2-11所示。

图 2-11

（1）打开Photoshop，按Ctrl+O组合键，弹出"打开文件"对话框，选择云盘中的"Ch02 → 2.1.4课堂案例——精修护发发膜瓶器图片 → 素材 → 01"文件，单击"打开"按钮，打开文件，如图2-12所示。在"图层"控制面板中，拖曳"背景"图层到"创建新图层"按钮 🔲 上进行复制，生成新的图层"背景 拷贝"。单击"背景"图层前的图标 ⊙ ，隐藏该图层，如图2-13所示。

（2）选择"对象选择"工具 🔲 ，在图像窗口中按住鼠标左键并拖曳鼠标指针，框选主体，如图2-14所示。释放鼠标左键后，选区自动吸附主体。按Shift+Ctrl+I组合键，反选选区。按Delete键，删除选区中的图像。按Ctrl+D组合键，取消选区，效果如图2-15所示。

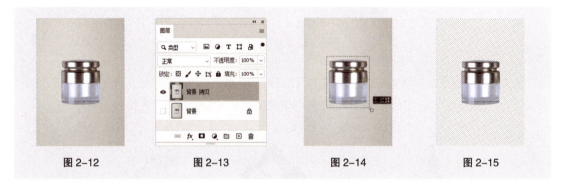

图 2-12   图 2-13   图 2-14   图 2-15

（3）选择"污点修复画笔"工具 🖌 ，在属性栏中选择"画笔预设"选项，在弹出的面板中选择需要的画笔图形，如图2-16所示。在图像窗口中拖曳鼠标指针，擦除污渍，效果如图2-17所示。

（4）单击"图层"控制面板下方的"创建新的填充或调整图层"按钮 ● ，在弹出的菜单中选择"亮度/对比度"命令，在"图层"控制面板中生成"亮度/对比度1"图层，同时弹出"属性"面板，打开"亮度/对比度"选项卡，选项的设置如图2-18所示。按Enter键确定操作，效果如图2-19所示。护发发膜瓶器图片精修完成。

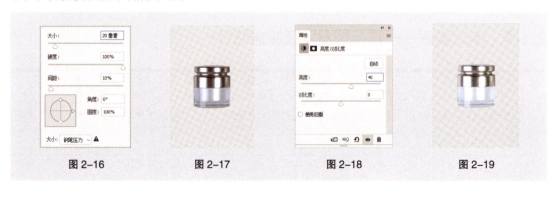

图 2-16   图 2-17   图 2-18   图 2-19

2.2 视觉合成

视觉合成是设计师将几个分散的部分通过设计拼合，生成构图协调、透视统一、光影真实的完整画面的过程。视觉合成生成的画面有着表达直观、代入感强的特点，可以快速吸引消费者。下面分别从合成的基本类型、合成的透视知识及合成的光影表现这3个方面展开讲解。

2.2.1 合成的基本类型

合成的基本类型包括特效型、写实型以及空间型。特效型是通过对商品本身进行创意合成的一种扁平化合成类型，写实型是通过加入天空、树木、海洋等自然元素的一种室外化合成类型，空间型是通过将商品置入舞台或盒内的一种室内化合成类型，如图2-20所示。3种合成类型都能实现衬托商品、烘托氛围的效果，设计师可以根据商品的属性进行选择。

（a）特效型　　　　　　（b）写实型　　　　　　　　　　　　（c）空间型

图 2-20

2.2.2 合成的透视知识

透视可以帮助设计师科学地表现各种空间感和立体感，从形式上透视可以分为焦点透视和散点透视。散点透视即一个画面中有多个视点，是中国画常用的透视形式，重在写意，适合表现气势宏伟、波澜壮阔的景色，如图2-21所示。焦点透视即一个画面中所有视线都汇聚在一点，是西方画通常遵循的透视形式，重在写实，有着近大远小、近实远虚的特点，如图2-22所示。

图 2-21　　　　　　　　　　　　　　　　**图 2-22**

在电商视觉设计中，设计师经常使用焦点透视进行视觉合成。根据灭点的数量，可以把焦点透视分为平行透视（一点透视）、成角透视（两点透视）和斜角透视（3点透视），如图2-23所示。

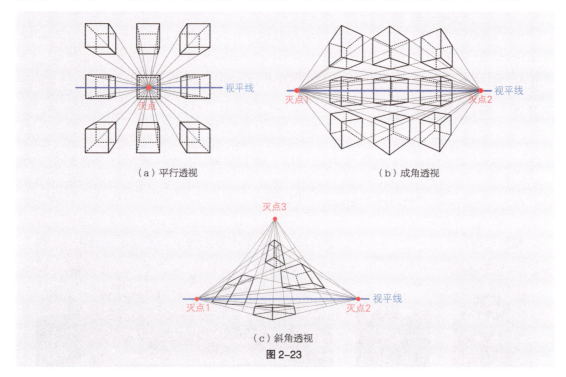

（a）平行透视　　　　　　　　　　（b）成角透视

（c）斜角透视

图2-23

平行透视由于只有一个灭点，所以视觉表现形式较为单一，空间变化也不大，通常从正面表现整个场景，因此容易上手，如图2-24所示。成角透视中物体与画面会形成一定夹角，该夹角接近人日常的视物角度，空间透视的变化相对较丰富，可以使画面更有冲击力和张力，如图2-25所示。相比成角透视，斜角透视让竖线也产生了交集，形成了强烈的汇聚感，整体变形比较夸张，令画面有着强大的冲击力，给人带来更刺激的视觉感受，如图2-26所示。

图 2-24　　　　　　　　　　图 2-25　　　　　　　　　　图 2-26

视角的不同也会给人带来不同的视觉感受，电商视觉设计中通常使用仰视、平视和俯视3种视角，如图2-27所示。仰视视角能够彰显商品的强大气势和高大形象，有助于体现品牌价值。平视视角虽然中规中矩，但带来舒服、自然的视觉感受。俯视视角能够凸显商品的立体感，同时带来亲切、真实的视觉感受。

（a）仰视 　　　　　（b）平视 　　　　　（c）俯视

图 2-27

2.2.3　合成的光影表现

1. 光源表现

画面的光源有照射光和环境光两类，其中照射光是画面的核心光源，环境光可以使画面更加真实，这两类光源在电商视觉设计中基本同时存在，并且可以相互作用。商品的光源表现通常被照射光、环境光及商品本身的材质所影响。接下来将重点讲解光源，对于商品的材质可以结合2.1.3小节进行深入学习。

（1）照射光

● 光源照射方向：光源照射方向会直接影响商品的明暗变化与画面的情感表达。电商视觉设计中常用的照射方向有前侧光、侧光、侧逆光和逆光4种，如图2-28所示。其中前侧光和侧光重在凸显商品的质感，侧逆光和逆光重在营造画面的氛围，如图2-29所示。

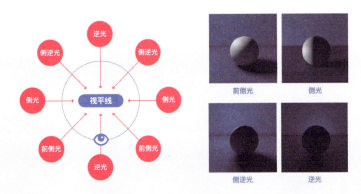

图 2-28

图 2-29

- 光源强度和距离：光源强度和距离会影响商品的明暗对比，光源强度越强、距离越近，商品的明暗对比越明显，光源强度越弱、距离越远，商品的明暗对比越模糊。电商视觉设计中，明暗对比模糊的画面能够给人带来清晰柔和的感受，明暗对比明显的画面更强调商品本身的立体感和结构感，如图2-30所示。

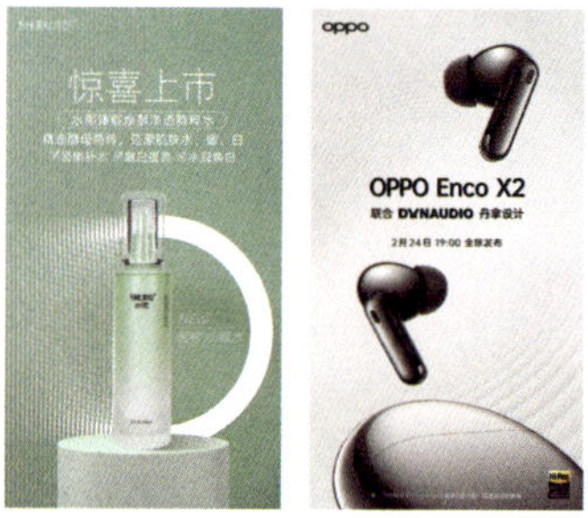

- 光源性质：光源按性质分为硬光和软光，光源的软硬会影响商品的明暗过渡，硬光照射下商品的明暗过渡生硬，软光照射下商品的明暗过渡自然。电商视觉设计中，硬光通常用于表现商品的硬朗强劲，适用于表现运动等类型的商品，如图2-31所示。软光通常用于表现商品的柔和娇嫩，适用于表现母婴等类型的商品，如图2-32所示。

- 光源颜色：光源颜色会影响商品的表面颜色。电商视觉设计中，使用有色光能够使画面富有冲击力和氛围感，令场景带有强烈的情绪，如图2-33所示。

图 2-30

图 2-31　　　　　　　图 2-32　　　　　　　图 2-33

（2）环境光

当商品处在有明确色彩倾向的环境中时，受四周环境光的影响，整个商品的颜色都会偏向环境色，如图2-34所示。

图 2-34

2. 投影表现

在光源的照射下，商品会产生投影。投影是光源光线的延伸，位于与光源相对的一面，好的投影能够令场景更加真实立体。

（1）投影图形

投影图形是在光源照射下，根据商品本身的图形而来的，如图2-35所示。在单一光源照射下，当多个商品组合出现时，所有商品的投影都是"相加"关系，如图2-36所示。在多个光源照射下，商品同时产生了多个方向的投影，此时投影应是"叠加"关系，如图2-37所示。

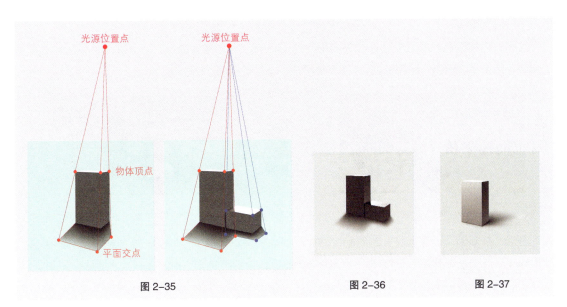

光源位置点　　　　　光源位置点

物体顶点

平面交点

图 2-35　　　　　　　　　图 2-36　　　　　图 2-37

　　商品的投影具有扩散现象，其扩散程度与光源的强度和距离有关。光源强度强、距离远，投影的扩散程度小，光源强度弱、距离近，投影的扩散程度大。电商视觉设计中，扩散程度较小的投影会使画面真实自然，扩散程度较大的投影会使画面充满张力，如图2-38所示。

图 2-38

　　绘制投影时还需要考虑外形的起伏，如遇到地面凸起的墙面、地面凹陷的阶梯及地面凹凸不平的肌理时，需对投影进行纵向调整，如图2-39所示。

图 2-39

（2）投影颜色

　　投影颜色虽然是三大面五大调中较深的颜色，但它并非纯黑色，其会受到地面环境色的影响，如图2-40所示。设计师运用Photoshop制作投影颜色时会先给投影填充地面环境色，再将图层的"混合模式"改为"正片叠底"，最后根据画面情况，调整图层的透明度即可。

（3）投影深浅

投影的整体颜色深浅会受到光源强度和距离的影响。光源强度越强、距离越近，商品的投影颜色越深，光源强度越弱、距离越远，商品的投影颜色越浅，如图2-41所示。

图 2-40   图 2-41

投影本身遵循"近深远浅"的原则，即靠近商品的投影区域颜色较深，而远离商品的投影区域颜色较浅。根据投影颜色的相对深浅可以将绘制的投影分为暗角区、本影区以及半影区，如图2-42所示。暗角区是投影中颜色最深的区域，几乎没有接受光照，离商品最近，开阔程度最小。本影区是投影中颜色偏深的区域，接受的光照较少，开阔程度一般。半影区是投影中颜色最浅的区域，接受的光照最多，同时开阔程度最大。设计师运用Photoshop制作投影时，通常建立两个图层，投影的暗角区作为一个图层，本影区和半影区则合并成另一个颜色由深到浅的渐变图层，如图2-43所示。

图 2-42

图 2-43

2.2.4 课堂案例——合成室内空间场景

【案例学习目标】学习使用Photoshop的绘图工具、文字工具合成室内空间场景。

【案例知识要点】使用"置入嵌入对象"命令置入图片，使用"创建新的填充或调整图层"按钮为图像校色。

【**效果文件位置**】云盘/Ch02/2.2.4课堂案例——合成室内空间场景/工程文件.psd，如图2-44所示。

图2-44

（1）打开Photoshop，按Ctrl+N组合键，弹出"新建文档"对话框，设置"宽度"为1200px，"高度"为1920px，"分辨率"为72px/in，"背景内容"为白色，单击"创建"按钮，新建一个文件。

（2）选择"文件 → 置入嵌入对象"命令，弹出"置入嵌入的对象"对话框，选择云盘中的"Ch02 → 2.2.4课堂案例——合成室内空间场景 → 素材 → 01"文件，单击"置入"按钮，将图像置入图像窗口中。拖曳其到适当的位置并调整大小，按Enter键确定操作，效果如图2-45所示。在"图层"控制面板中生成新的图层并将其命名为"背景"。

（3）单击"图层"控制面板下方的"创建新的填充或调整图层"按钮 ，在弹出菜单中选择"亮度/对比度"命令，在"图层"控制面板中生成"亮度/对比度1"图层，同时弹出"属性"面板，打开"亮度/对比度"选项卡，选项的设置如图2-46所示，按Enter键确定操作。

（4）选择"椭圆"工具 ，在属性栏的"选择工具模式"选项中选择"图形"，将"填充"颜色设置为白色，"描边"颜色设置为无。在图像窗口中绘制一个椭圆形，效果如图2-47所示，在"图层"控制面板中生成新的图形图层"椭圆 1"。

（5）在"属性"面板中，选择"蒙版"选项，切换到相应的选项卡，将"羽化"选项设置为200.0px，按Enter键确定操作。在"图层"控制面板中，将图层的"混合模式"选项设置为"柔光"，"不透明度"选项设置为80%，按Enter键确定操作，效果如图2-48所示。按住Shift键的同时，单击"背景"图层，将需要的图层同时选取，按Ctrl+G组合键，群组图层并将其命名为"背景"。

图2-45　　　　　　　图2-46　　　　　　　图2-47　　　　　　　图2-48

（6）选择"文件 → 置入嵌入对象"命令，弹出"置入嵌入的对象"对话框，选择云盘中的"Ch02 → 2.2.4课堂案例——合成室内空间场景 → 素材 → 02"文件，单击"置入"按钮，将图像置入图像窗口中。拖曳其到适当的位置并调整大小，按Enter键确定操作，效果如图2-49所示。在"图层"控制面板中生成新的图层并将其命名为"发膜1"。

（7）按Ctrl+J组合键，复制图层。在"图层"控制面板中生成新的图层并将其命名为"倒影"，拖曳其到"发膜1"图层的下方。按Ctrl+T组合键，在图像周围出现变换框，在变换框中单击鼠标右键，在弹出的菜单中选择"垂直翻转"命令，并将图像拖曳到适当的位置，按Enter键确定操作，效果如图2-50所示。

（8）单击"图层"控制面板下方的"添加矢量蒙版"按钮 ▢，为图层添加图层蒙版。选择"画笔"工具 ✐，在属性栏中选择"画笔预设"选项，在弹出的面板中选择需要的画笔图形，如图2-51所示。将前景色设置为黑色，在图像窗口中拖曳鼠标指针擦除不需要的部分，效果如图2-52所示。

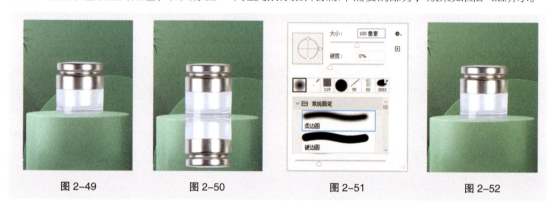

图 2-49　　　　　　图 2-50　　　　　　图 2-51　　　　　　图 2-52

（9）选择"椭圆"工具 ◯，在属性栏中将"填充"颜色设置为无，"描边"颜色设置为无。在图像窗口中绘制一个椭圆形，如图2-53所示。在"图层"控制面板中生成新的图形图层并将其命名为"投影"。按Ctrl+T组合键，在图像周围出现变换框，在属性栏中设置图像旋转2°，按Enter键确定操作，效果如图2-54所示。

（10）单击"图层"控制面板下方的"添加图层样式"按钮 fx，在弹出的菜单中选择"渐变叠加"命令，在弹出的对话框中，单击"渐变"选项右侧的"点按可编辑渐变"按钮 ▨▨，弹出"渐变编辑器"对话框，在"位置"选项中分别输入0、70、100这3个位置点，分别设置3个位置点颜色的RGB值为0（26、32、29）、70（31、59、42）、100（136、194、172）。单击"确定"按钮，返回"渐变叠加"对话框，选项的设置如图2-55所示。单击"确定"按钮，为图形添加效果。

（11）在"图层"控制面板中将"不透明度"选项设置为60%，按Enter键确定操作。在"属性"面板中将"羽化"选项设置为4.0px，按Enter键确定操作，效果如图2-56所示。

（12）选择"椭圆"工具 ◯，在属性栏中将"填充"颜色设置为深绿色（31、59、42），"描边"颜色设置为无。在图像窗口中绘制一个椭圆形，如图2-57所示，在"图层"控制面板中生成新的图形图层并将其命名为"阴影"。在"属性"面板中，选择"蒙版"选项，切换到相应的选项卡，将"羽化"选项设置为2.0px，按Enter键确定操作，效果如图2-58所示。

（13）选择"发膜1"图层。单击"图层"控制面板下方的"创建新的填充或调整图层"按钮 ◑，在弹出的菜单中选择"照片滤镜"命令，在"图层"控制面板中生成"照片滤镜1"图层，同时弹出

电商视觉设计（全彩慕课版）

"属性"面板，打开"照片滤镜"选项卡，选项的设置如图2-59所示。按Enter键确定操作，效果如图2-60所示。

（14）按住Shift键的同时，单击"倒影"图层，将需要的图层同时选取，按Ctrl+G组合键，群组图层并将其命名为"化妆品1"，如图2-61所示。使用相同的方法制作"化妆品2"和"化妆品3"图层组，并根据场景添加文字，效果如图2-62所示。选择"文件 → 导出 → 存储为Web所用格式(旧版)"命令，在弹出的对话框中进行设置，单击"存储"按钮，导出效果图。室内空间场景合成完成。

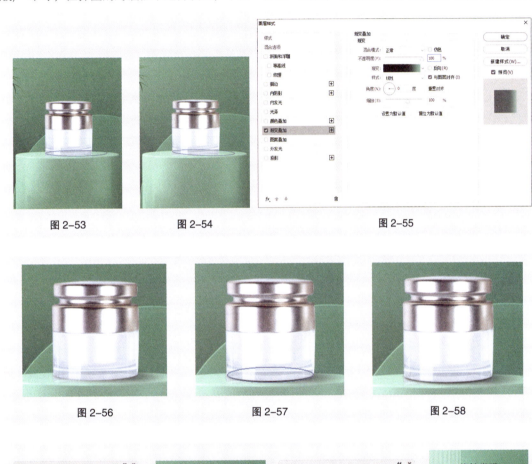

图 2-53　　　　　图 2-54　　　　　　　　　　图 2-55

图 2-56　　　　　　　　图 2-57　　　　　　　　图 2-58

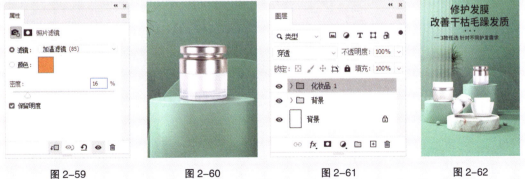

图 2-59　　　　　　图 2-60　　　　　　图 2-61　　　　　　图 2-62

2.3　课堂练习——精修茶叶包装图片

【练习知识要点】使用Photoshop的"污点修复画笔"工具精修茶叶包装图片，最终效果如图2-63所示。

【效果文件位置】云盘/Ch02/2.3课堂练习——精修茶叶包装图片/工程文件.psd。

精修茶叶包装图片

图 2-63

2.4　课后习题——合成室外写实场景

【习题知识要点】使用Photoshop的绘图工具、文字工具合成室外写实场景，最终效果如图2-64所示。

【效果文件位置】云盘/Ch02/2.4课后习题——合成室外写实场景/工程文件.psd。

合成室外写实场景

图 2-64

第3章

03

商品营销推广图设计

第3章简介

▶ 本章介绍

    商品营销推广图的设计是电商视觉设计师需要完成的重要工作任务，它通常包括主图、直通车图和钻展图的设计。精心设计的商品营销推广图能够提升商品的点击率、转化率。本章针对商品营销推广图的主图设计、直通车图设计及钻展图设计等基础知识进行系统讲解，并针对流行风格与典型行业的商品营销推广图进行设计演练。通过学习本章，学生可以了解商品营销推广图的设计思路，掌握其制作方法。

▶ 学习引导

知识目标

- 了解主图的基本概念
- 了解直通车图的基本概念
- 了解钻展图的基本概念

素养目标

- 提高营销意识
- 关注市场动态

能力目标

- 熟悉商品营销推广图的设计思路
- 掌握商品营销推广图的制作方法

3.1 主图设计

　　主图是消费者接触店铺商品的首要信息。作为传递商品信息的核心，主图需要具有较强的吸引力，才能促使消费者点击、浏览商品，因此主图的视觉效果在很大程度上影响着商品的点击率。下面分别从主图的基本概念、主图的设计尺寸和主图的设计方法3个方面展开讲解。

3.1.1 主图的基本概念

　　主图即商品的展示图，是用于体现商品特色的视觉图。商品主图最多可以有5张，最少必须有1张。这些主图通常位于详情页，而第一张主图还会位于搜索页，因此需要设计师对主图进行重点设计，如图3-1所示。

图 3-1

3.1.2 主图的设计尺寸

　　主图根据设计尺寸分为两种，一种是正主图，其设计尺寸为800px×800px，另一种是方便手机端消费者观看的竖图，其设计尺寸为750px×1000px，如图3-2所示。另外，主图的大小必须控制在500KB以内。

（a）正主图　　　　　　　　　　（b）竖图

图 3-2

3.1.3　主图的设计方法

1.　文字层级

设计师在进行主图设计时，需要明确文字层级，通常会将文字分为3层，如图3-3所示。第一层体现品牌形象。品牌形象通常会以网店Logo的形式体现，既可以加深消费者印象又可以防止盗图。第二层提炼商品卖点。商品卖点主要体现商品优势，这种优势可以是商品的款式、功能和材质上的优势，也可以是商品的价格上的优势，从而直接打动消费者。第三层展示销售活动。销售活动文案主要以促销内容为主，突出优惠力度，设计时要尽量简短、有力、清晰。

2.　背景设计

主图的背景通常以图片场景和纯色背景为主，图片场景大部分为生活类图片场景，可以令消费者产生代入感，如图3-4所示。纯色背景需要使用干净的颜色，不建议使用饱和度高的颜色，这样可以起到烘托商品的作用，如图3-5所示。

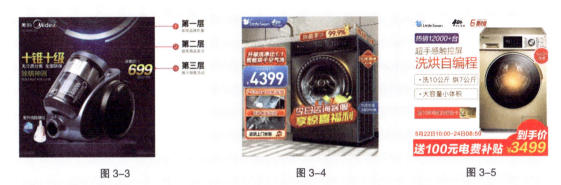

图 3-3　　　　　　　　　　图 3-4　　　　　　　　　　图 3-5

3.1.4　课堂案例——设计科技布沙发主图

【案例学习目标】学习使用Photoshop的绘图工具、文字工具设计科技布沙发主图。

【案例知识要点】使用"置入嵌入对象"命令置入图片，使用"横排文字"工具添加文字，使用"添加图层样式"按钮为图像添加效果，使用"矩形"工具、"圆角矩形"工具绘制基本图形。

【效果文件位置】云盘/Ch03/3.1.4课堂案例——设计科技布沙发主图/工程文件.psd，如图3-6所示。

图 3-6

（1）打开Photoshop，按Ctrl+N组合键，弹出"新建文档"对话框，设置"宽度"为800px，"高度"为800px，"分辨率"为72px/in，"颜色模式"为RGB颜色，"背景内容"为白色，单击"创建"按钮，新建一个文件。

（2）选择"文件 → 置入嵌入对象"命令，弹出"置入嵌入的对象"对话框，分别选择云盘中的"Ch03 → 3.1.4课堂案例——设计科技布沙发主图 → 素材 → 01～03"文件，单击"置入"按钮，分别将图片置入图像窗口中。将"01""02"和"03"图像分别拖曳到适当的位置，按Enter键确定操作，效果如图3-7所示。在"图层"控制面板中生成新的图层，分别将其命名为"底图""沙发"和"装饰"，如图3-8所示。

图3-7　　　　　　　　　　　　　　　　图3-8

（3）选中"底图"图层，单击"图层"控制面板下方的"创建新图层"按钮 ▫ ，生成新的图层并将其命名为"投影1"。选择"钢笔"工具 ⌀ ，在属性栏的"选择工具模式"选项中选择"路径"，在图像窗口中单击，绘制路径，如图3-9所示。按Ctrl+Enter组合键，将路径转换为选区，如图3-10所示。

（4）按Shift+F6组合键，弹出"羽化选区"对话框，设置"羽化半径"为4px。将前景色设置为黑色，按Alt+Delete组合键，用前景色填充选区，按Ctrl+D组合键，取消选区，效果如图3-11所示。

图3-9　　　　　　　　　　图3-10　　　　　　　　　　图3-11

（5）单击"图层"控制面板下方的"添加图层样式"按钮 ⨍ ，在弹出的菜单中选择"渐变叠加"命令，弹出"渐变叠加"对话框，单击"渐变"选项右侧的"点按可编辑渐变"按钮 ▭ ，弹出"渐变编辑器"对话框，在"位置"选项中分别输入19、94两个位置点，分别设置两个位置点颜色的RGB值为19（0、0、0）、94（130、129、129），如图3-12所示。单击"确定"按钮，返回"渐变叠加"对话框，其他选项的设置如图3-13所示，单击"确定"按钮。

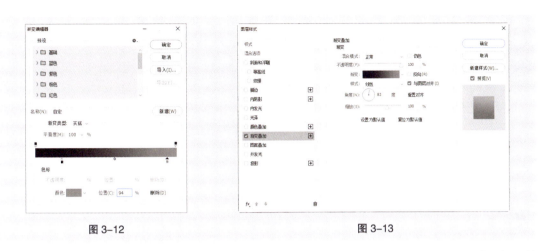

图 3-12   图 3-13

（6）在"图层"控制面板上方设置"不透明度"选项为50%，效果如图3-14所示。使用相同的方法制作其他投影，效果如图3-15所示。按住Shift键的同时，单击"投影1"图层，将需要的图层同时选取。按Ctrl+G组合键，群组图层并将其命名为"投影"。

图 3-14   图 3-15

（7）选中"装饰"图层。选择"矩形"工具 ▢，在属性栏的"选择工具模式"选项中选择"图形"，将"填充"颜色设置为黑色，"描边"颜色设置为无。在图像窗口中适当的位置绘制矩形，如图3-16所示，在"图层"控制面板中生成新的图形图层"矩形1"。

（8）单击"图层"控制面板下方的"添加图层样式"按钮 fx，在弹出的菜单中选择"渐变叠加"命令，弹出对话框，单击"渐变"选项右侧的"点按可编辑渐变"按钮 ▭ ，弹出"渐变编辑器"对话框，在"位置"选项中分别输入0、100两个位置点，分别设置两个位置点颜色的RGB值为0（15、121、131）、100（119、176、196），如图3-17所示。单击"确定"按钮，返回"渐变叠加"对话框，其他选项的设置如图3-18所示，单击"确定"按钮。

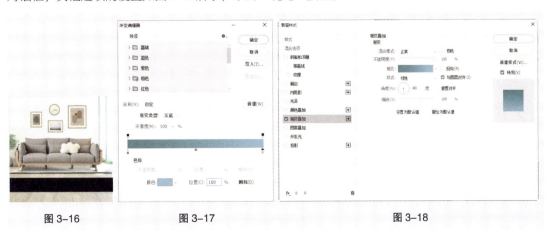

图 3-16   图 3-17   图 3-18

（9）选择"圆角矩形"工具 ▢，在图像窗口中绘制一个圆角矩形，在"属性"面板中设置圆角半径选项，如图3-19所示，效果如图3-20所示，在"图层"控制面板中生成新的图形图层"圆角矩形2"。选择"直接选择"工具 ▷，分别单击选取需要的锚点，将其分别拖曳到适当的位置，效果如图3-21所示。

（10）选择"矩形"工具 ▢，单击"路径操作"按钮 ▢，在弹出的菜单中选择"合并图形"选项，在适当的位置绘制一个矩形，效果如图3-22所示，按Enter键确定操作。

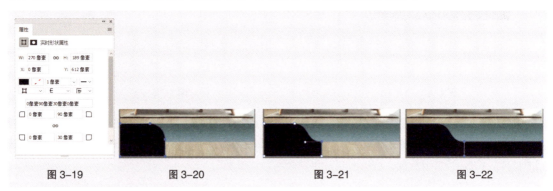

图 3-19　　　　图 3-20　　　　图 3-21　　　　图 3-22

（11）使用上述方法为图形添加渐变效果，如图3-23所示。选择"横排文字"工具 T，在适当的位置分别输入需要的文字并选取文字。选择"窗口 → 字符"命令，打开"字符"面板，将"颜色"设置为深绿色（15、121、131）和淡黄色（253、219、151），并分别设置合适的字体和字号，效果如图3-24所示，在"图层"控制面板中分别生成新的文字图层。

（12）选择"文件 → 导出 → 存储为Web所用格式(旧版)"命令，在弹出的对话框中进行设置，单击"存储"按钮，导出效果图。科技布沙发主图设计完成。

图 3-23　　　　　　　　　　　图 3-24

3.2　直通车图设计

直通车是帮助商家实现商品精准推广的有效推广方式。直通车图的视觉效果在很大程度上影响着店铺的关注度和商品的点击率。下面分别从直通车图的基本概念、直通车图的设计尺寸以及直通车图的设计方法3个方面展开讲解。

3.2.1　直通车图的基本概念

直通车是淘宝的一种付费推广方式。与主图不同的是，直通车图需要商家付费购买图片展示位置即直通车展位，以实现商品的推广。直通车展位通常分为搜索页直通车展位和消费者必经的其他高关注、高流量直通车展位。

1. 搜索页直通车展位

这类展位包括提示"掌柜热卖"的1～3个展位、右侧的16个竖向展位和底部的5个横向展位，如图3-25所示。

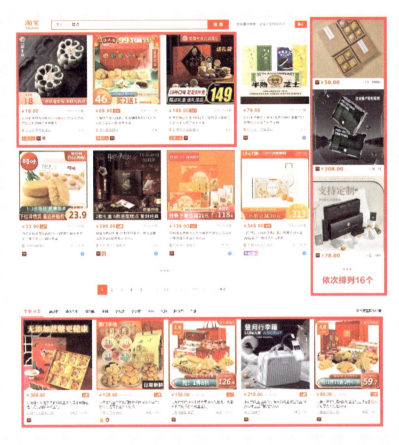

图 3-25

2. 消费者必经的其他高关注、高流量直通车展位

这类展位包括首页下方的"猜你喜欢"展位、"我的淘宝"页面中购物车下方的展位及"我的淘宝"里"已买到的宝贝"页面中的"热卖单品"展位（见图3-26）等。

图 3-26

3.2.2　直通车图的设计尺寸

直通车图可以像主图一样，根据设计尺寸分为两种，一种是常规直通车图，其设计尺寸为800px×800px，如图3-27所示；另一种是方便手机端消费者观看的竖图，其设计尺寸为750px×1000px，如图3-28所示。

图 3-27　　　　　　　　　　　　　　　　　图 3-28

3.2.3　直通车图的设计方法

1．文字内容

在进行直通车图设计时，为了提高商品点击率，需要对文字内容进行提炼设计。例如，有些商品的文字内容需要强调商品的价格和进行的促销活动，如图3-29所示；有些商品的文字内容需要强调商品的品质、特色及功效等，如图3-30所示；有些商品的文字内容则需要强调商品自身的品牌形象，如图3-31所示。

图 3-29　　　　　　　　　　　图 3-30　　　　　　　　　　　图 3-31

2．特殊手法

直通车图虽然帮助商家通过付费进行商品推广，但商品之间依然存在着强烈的竞争。因此设计师可以通过一些特殊手法令设计的直通车图在众多图片中脱颖而出。例如，运用独特的商品拍摄角度、别出心裁的商品搭配风格等方案令直通车图可以快速吸引消费者。需要注意的是，若商品本身的款式吸引力足够强，则使用少量文字和干净的背景更能凸显商品的质感，更能吸引消费者，如图3-32所示。

图 3-32

3.2.4 课堂案例——设计美妆护肤品直通车图

【案例学习目标】学习使用Cinema 4D中的参数化工具、"摄像机"工具以及"区域光"工具和Photoshop中的绘图工具、文字工具设计美妆护肤品直通车图。

【案例知识要点】使用多种参数化工具、生成器建模工具以及多边形建模工具建立模型，使用"摄像机"工具控制视图的显示效果，使用"区域光"工具制作灯光效果，使用"材质"面板创建材质并设置材质参数，使用"物理天空"工具创建环境效果，使用"编辑渲染设置"按钮和"渲染到图像查看器"按钮渲染图像。

【效果文件位置】云盘/Ch03/3.2.4课堂案例——设计美妆护肤品直通车图/工程文件.psd，如图3-33所示。

（a）渲染效果图

（b）设计效果图

图 3-33

设计美妆护肤品直通车图1

设计美妆护肤品直通车图2

设计美妆护肤品直通车图3

设计美妆护肤品直通车图4

设计美妆护肤品直通车图5

设计美妆护肤品直通车图6

设计美妆护肤品直通车图7

1. 建模

（1）场景建模

① 打开Cinema 4D。单击"编辑渲染设置"按钮，弹出"渲染设置"对话框。在"输出"选项

组中设置"宽度"为800px,"高度"为800px,单击"关闭"按钮,关闭对话框。

② 选择"平面"工具 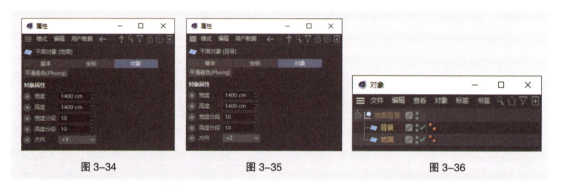,在"对象"面板中生成一个"平面"对象,并将其重命名为"地面"。在"属性"面板的"对象"选项卡中,设置"宽度"为1400cm,"高度"为1400cm,如图3-34所示。

③ 选择"平面"工具 ,在"对象"面板中生成一个"平面"对象,并将其重命名为"背景"。在"属性"面板的"对象"选项卡中,设置"宽度"为1400cm,"高度"为1400cm,"方向"为"+Z",如图3-35所示。

④ 选择"空白"工具 ,在"对象"面板中生成一个"空白"对象,并将其重命名为"地面背景"。将"地面"对象和"背景"对象拖入"地面背景"对象的下方,如图3-36所示。折叠"地面背景"对象组。

图 3-34　　　　　　　图 3-35　　　　　　　图 3-36

⑤ 选择"圆柱体"工具 ,在"对象"面板中生成一个"圆柱体"对象。在"属性"面板的"对象"选项卡中,设置"半径"为35cm,"高度"为250cm,"旋转分段"为32,如图3-37所示。在"封顶"选项卡中,勾选"圆角"复选框,设置"半径"为2cm,如图3-38所示。

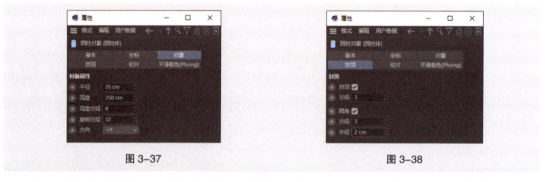

图 3-37　　　　　　　　　　　　图 3-38

⑥ 在"坐标"面板的"位置"选项组中,设置"X"为90cm,"Y"为125cm,"Z"为-138cm,如图3-39所示。视图窗口中的效果如图3-40所示。

图 3-39　　　　　　　　　　　　图 3-40

电商视觉设计（全彩慕课版）

42

⑦ 使用相同的方法再生成6个"圆柱体"对象，分别设置"圆柱体.1"对象的"半径"为50cm，"高度"为190cm，"旋转分段"为32。在"封顶"选项卡中，勾选"圆角"复选框，设置"半径"为2cm。在"坐标"面板的"位置"选项组中，设置"X"为5cm，"Y"为95cm，"Z"为-164cm。

⑧ 设置"圆柱体.2"对象的"半径"为54cm，"高度"为75cm，"旋转分段"为32。在"封顶"选项卡中，勾选"圆角"复选框，设置"半径"为2cm。在"坐标"面板的"位置"选项组中，设置"X"为-78cm，"Y"为38cm，"Z"为-225cm。

⑨ 设置"圆柱体.3"对象的"半径"为40cm，"高度"为56cm，"旋转分段"为32；在"封顶"选项卡中，勾选"圆角"复选框，设置"半径"为2cm。在"坐标"面板的"位置"选项组中，设置"X"为66cm，"Y"为28cm，"Z"为-246cm。

⑩ 设置"圆柱体.4"对象的"半径"为44cm，"高度"为76cm，"旋转分段"为32；在"封顶"选项卡中，勾选"圆角"复选框，设置"半径"为2cm。在"坐标"面板的"位置"选项组中，设置"X"为152cm，"Y"为38cm，"Z"为-204cm。

⑪ 设置"圆柱体.5"对象的"半径"为35cm，"高度"为111cm，"旋转分段"为32；在"封顶"选项卡中，勾选"圆角"复选框，设置"半径"为2cm。在"坐标"面板的"位置"选项组中，设置"X"为215cm，"Y"为56cm，"Z"为-136cm。

⑫ 设置"圆柱体.6"对象的"半径"为40cm，"高度"为50cm，"旋转分段"为32；在"封顶"选项卡中，勾选"圆角"复选框，设置"半径"为2cm。在"坐标"面板的"位置"选项组中，设置"X"为-200cm，"Y"为25cm，"Z"为-164cm。视图窗口中的效果如图3-41所示。

⑬ 选择"空白"工具 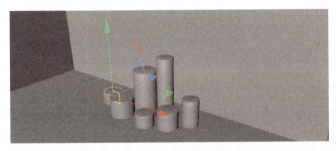，在"对象"面板中生成一个"空白"对象，并将其重命名为"底座"。框选需要的对象，将框选的对象拖入"底座"对象的下方，如图3-42所示。折叠"底座"对象组。

图 3-41

图 3-42

⑭ 选择"球体"工具 ，在"对象"面板中生成一个"球体"对象。在"属性"面板的"对象"选项卡中，设置"半径"为7cm，如图3-43所示。在"坐标"面板的"位置"选项组中，设置"X"为68cm，"Y"为7cm，"Z"为-311cm，如图3-44所示。

⑮ 使用相同的方法再生成5个"球体"对象，分别设置"球体.1"对象的"半径"为7cm。在"坐标"面板的"位置"选项组中，设置"X"为1cm，"Y"为7cm，"Z"为-243cm。设置"球体.2"对象的"半径"为10cm。在"坐标"面板的"位置"选项组中，设置"X"为-40cm，"Y"为10cm，"Z"为-300cm。设置"球体.3"对象的"半径"为7cm。在"坐标"面板的"位置"选项组中，设置"X"为210cm，"Y"为7cm，"Z"为-220cm。

图 3-43

图 3-44

⑯ 设置"球体.4"对象的"半径"为8cm。在"坐标"面板的"位置"选项组中,设置"X"为-140cm,"Y"为8cm,"Z"为-295cm。设置"球体.5"对象的"半径"为8cm。在"坐标"面板的"位置"选项组中,设置"X"为-241cm,"Y"为8cm,"Z"为-210cm。

⑰ 选择"空白"工具 ,在"对象"面板中生成一个"空白"对象,并将其重命名为"装饰球"。框选需要的对象。将框选的对象拖入"装饰球"对象的下方,如图3-45所示。折叠"装饰球"对象组。选择"空白"工具 ,在"对象"面板中生成一个"空白"对象,并将其重命名为"场景"。框选所有对象组,将框选的对象组拖入"场景"对象的下方,如图3-46所示。折叠"场景"对象组。场景建模制作完成并将其保存。

图 3-45

图 3-46

（2）礼物盒建模

① 打开Cinema 4D。单击"编辑渲染设置"按钮 ,弹出"渲染设置"对话框,在"输出"选项组中设置"宽度"为800px,"高度"为800px,单击"关闭"按钮,关闭对话框。

② 选择"立方体"工具 ,在"对象"面板中生成一个"立方体"对象。在"属性"面板的"对象"选项卡中,设置"尺寸.X"为28cm,"尺寸.Y"为28cm,"尺寸.Z"为28cm,如图3-47所示。

③ 选择"立方体"工具 ,在"对象"面板中生成一个"立方体.1"对象。在"属性"面板的"对象"选项卡中,设置"尺寸.X"为30cm,"尺寸.Y"为6cm,"尺寸.Z"为30cm,如图3-48所示。

图 3-47

图 3-48

④ 在"坐标"面板的"位置"选项组中设置"对象（相对）"为"世界坐标","X"为0cm,"Y"为12cm,"Z"为0cm,如图3-49所示。视图窗口中的效果如图3-50所示。

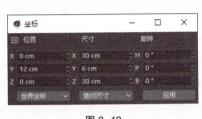

图 3-49

图 3-50

⑤ 选择"矩形"工具▢，在"对象"面板中生成一个"矩形"对象。在"属性"面板的"对象"选项卡中，设置"宽度"为30cm,"高度"为31cm,如图3-51所示。在"对象"面板中，用鼠标右键单击"矩形"对象，在弹出的菜单中选择"转为可编辑对象"命令，将其转换为可编辑对象。

⑥ 单击"点"按钮，切换为点模式。选择"移动"工具✛，按住Shift键的同时，选中需要的节点，如图3-52所示。在"坐标"面板的"位置"选项组中，设置"X"为0cm,"Y"为-14.3cm,"Z"为0cm。在"尺寸"选项组中，设置"X"为29cm,"Y"为0cm,"Z"为0cm,如图3-53所示，单击"应用"按钮。

图 3-51

图 3-52

图 3-53

⑦ 按住Shift键的同时，选中需要的节点，如图3-54所示。在"坐标"面板的"位置"选项组中，设置"X"为0cm,"Y"为15.6cm,"Z"为0cm。在"尺寸"选项组中，设置"X"为31cm,"Y"为0cm,"Z"为0cm,如图3-55所示，单击"应用"按钮。

图 3-54

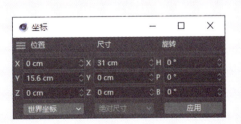

图 3-55

⑧ 选择"矩形"工具▢，在"对象"面板中生成一个"矩形.1"对象。在"属性"面板的"对象"选项卡中，设置"宽度"为0.2cm,"高度"为3.5cm,如图3-56所示。选择"扫描"工具，

在"对象"面板中生成一个"扫描"对象,并将其重命名为"带子1"。

⑨ 按住Shift键的同时,选中"矩形"对象和"矩形.1"对象,将选中的对象拖入"带子1"对象的下方,如图3-57所示。并折叠"带子1"对象组。

图 3-56 　　　　　　　　　　　　　　　　　图 3-57

⑩ 选中"带子1"对象组,按住Ctrl键的同时,按住鼠标左键并向上拖曳鼠标指针,鼠标指针变为箭头时,释放鼠标左键复制对象,自动生成一个"带子1.1"并将其命名为"带子2",如图3-58所示。

⑪ 单击"模型"工具 ,切换为模型模式。选中"带子2"对象组,在"坐标"面板的"旋转"选项组中,设置"H"为90°,如图3-59所示。单击"应用"按钮,视图窗口中的效果如图3-60所示。

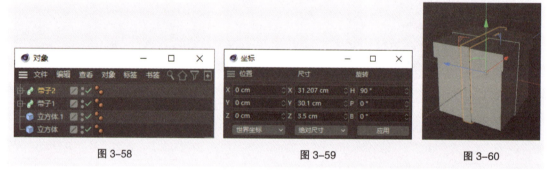

图 3-58 　　　　　　　　　　　图 3-59 　　　　　　　　　　　图 3-60

⑫ 按F3键,切换至右视图窗口,选择"样条画笔"工具 ,在视图窗口中绘制出图3-61所示的效果,在"对象"面板中生成一个"样条"对象。按F1键,切换至"透视视图"窗口。选择"矩形"工具 ,在"对象"面板中生成一个"矩形.1"对象。在"属性"面板的"对象"选项卡中,设置"宽度"为0.2cm,"高度"为1.7cm,如图3-62所示。

⑬ 选择"扫描"工具 ,在"对象"面板中生成一个"扫描"对象,并将其命名为"带子3"。按住Shift键的同时,选中"矩形"对象和"样条"对象。将选中的对象拖入"带子3"对象的下方,如图3-63所示。

⑭ 单击"模型"工具 ,切换为模型模式。选中"带子3"对象组,在"坐标"面板的"位置"选项组中设置"世界坐标"为"对象(相对)",在"旋转"选项组中,设置"H"为45°,如图3-64所示。单击"应用"按钮,并折叠"带子3"对象组。

⑮ 选中"带子3"对象组，按住Ctrl键的同时，按住鼠标左键并向上拖曳鼠标指针，鼠标指针变为箭头时，释放鼠标左键复制对象组，自动生成"带子3.1"并将其命名为"带子4"，如图3-65所示。在"坐标"面板的"旋转"选项组中，设置"H"为135°，如图3-66所示，单击"应用"按钮。

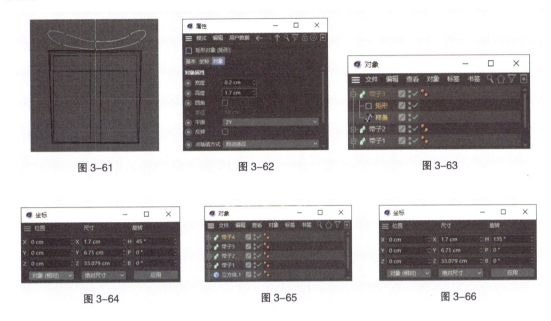

图 3-61　　　　　图 3-62　　　　　图 3-63

图 3-64　　　　　图 3-65　　　　　图 3-66

⑯ 选择"空白"工具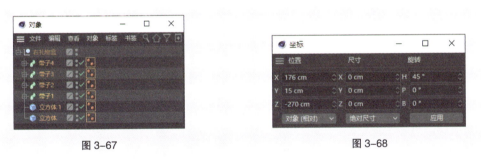，在"对象"面板中生成一个"空白"对象，并将其重命名为"右礼物盒"。框选所有的对象及对象组，将其拖入"右礼物盒"对象的下方，如图3-67所示，并折叠"右礼物盒"对象组。选中"右礼物盒"对象组，在"坐标"面板的"位置"选项组中，设置"X"为176cm，"Y"为15cm，"Z"为-270cm。在"旋转"选项组中，设置"H"为45°，如图3-68所示，单击"应用"按钮。

图 3-67　　　　　　　　　　图 3-68

⑰ 在"对象"面板中复制"右礼物盒"对象组，并将其重命名为"左礼物盒"。在"坐标"面板的"位置"选项组中，设置"X"为-154cm，"Y"为15cm，"Z"为-235cm。在"旋转"选项组中，设置"H"为45°，"B"为-90°，如图3-69所示，单击"应用"按钮。

⑱ 选择"空白"工具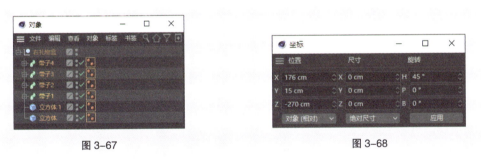，在"对象"面板中生成一个"空白"对象，并将其重命名为"礼物盒"。将"左礼物盒"对象组和"右礼物盒"对象组选中，并拖入"礼物盒"对象的下方，如图3-70所示。折叠"礼物盒"对象组。礼物盒建模制作完成并将其保存。

图 3-69

图 3-70

（3）模型合并

① 选择"文件 → 打开项目"命令，在弹出的"打开文件"对话框中，选择保存的场景模型文件，单击"打开"按钮，打开文件，如图3-71所示。

② 选择"文件 → 合并项目"命令，在弹出的"打开文件"对话框中，选择保存的礼物盒模型文件，单击"打开"按钮，打开文件，如图3-72所示。

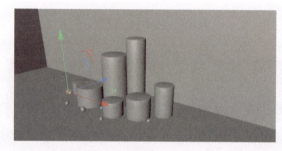

图 3-71

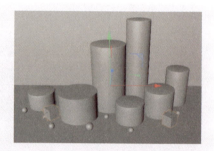

图 3-72

③ 选择"文件 → 合并项目"命令，在弹出的"打开文件"对话框中，选择云盘中的"Ch03 → 设计美妆护肤品直通车图 → 素材 → 01.c4d"文件，单击"打开"按钮，将选中的文件导入。使用相同的方法，分别导入素材"02.c4d"和"03.c4d"文件，视图窗口中的效果如图3-73所示。

④ 选择"空白"工具 ，在"对象"面板中生成一个"空白"对象，并将其重命名为"美妆护肤品直通车图"。框选需要的对象组，将框选的对象组拖入"美妆护肤品直通车图"对象的下方，如图3-74所示，并折叠"美妆护肤品直通车图"对象组。

⑤ 选择"摄像机"工具 ，在"对象"面板中生成一个"摄像机"对象，单击"摄像机"对象右侧的 按钮，如图3-75所示，进入摄像机视图。

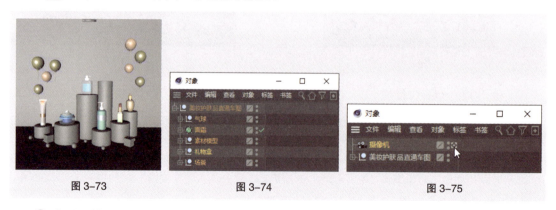

图 3-73   图 3-74   图 3-75

⑥ 在"属性"面板的"坐标"选项卡中，设置"P.X"为6cm，"P.Y"为222.5cm，"P.Z"

为-780.5cm，如图3-76所示，视图窗口中的效果如图3-77所示。

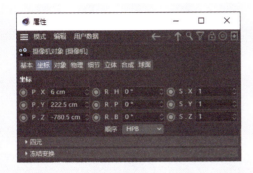

图 3-76

图 3-77

2．灯光

（1）选择"区域光"工具 ，在"对象"面板中生成一个"灯光"对象，并将其重命名为"主光源"。

（2）在"属性"面板的"常规"选项卡中，设置"强度"为50%，"投影"为"阴影贴图(软阴影)"，如图3-78所示。在"坐标"面板的"位置"选项组中，设置"X"为155cm，"Y"为1580cm，"Z"为-2055cm；在"旋转"选项组中，设置"P"为-30°，如图3-79所示。

图 3-78

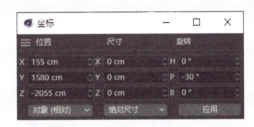

图 3-79

（3）选择"区域光"工具 ，在"对象"面板中生成一个"灯光"对象。将"灯光"对象重命名为"辅光源1"。在"属性"面板的"常规"选项卡中，设置"强度"为70%，如图3-80所示。选中"辅光源1"对象，在"坐标"面板的"位置"选项组中，设置"X"为0cm，"Y"为0cm，"Z"为-3940cm，如图3-81所示。

图 3-80

图 3-81

（4）选择"区域光"工具 ，在"对象"面板中生成一个"灯光"对象。将"灯光"对象重命名为"辅光源2"。在"属性"面板的"常规"选项卡中,设置"强度"为70%,如图3-82所示。选中"辅光源2"对象,在"坐标"面板的"位置"选项组中,设置"X"为2680cm,"Y"为0cm,"Z"为-780cm;在"旋转"选项组中,设置"H"为90°,如图3-83所示。

(5)选择"空白"工具 ,在"对象"面板中生成一个"空白"对象,并将其重命名为"灯光"。框选需要的灯光对象,并将其拖入"灯光"对象的下方,如图3-84所示。折叠"灯光"对象组。

图3-82   图3-83   图3-84

3. 材质

(1)在"材质"面板中双击,添加一个材质球,并将其命名为"背景"。在添加的材质球上双击,弹出"材质编辑器"对话框。在左侧列表中取消选择"反射"选项,在左侧列表中选择"颜色"选项,切换到相应的选项卡,设置"H"为5°,"S"为56%,"V"为92%,其他选项的设置如图3-85所示。单击"关闭"按钮,关闭对话框。

(2)在"对象"面板中展开"美妆护肤品直通车图 → 场景"对象组,将"材质"面板中的"背景"材质拖曳到"对象"面板中的"地面背景"对象组上,如图3-86所示。

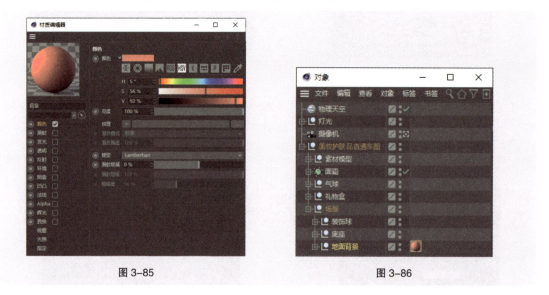

图3-85   图3-86

(3)在"材质"面板中双击,添加一个材质球,并将其命名为"底座1"。在添加的材质球上双击,弹出"材质编辑器"对话框。在左侧列表中选择"颜色"选项,切换到相应的选项卡,设置"H"为355°,"S"为44%,"V"为88%,其他选项的设置如图3-87所示。

(4)在左侧列表中选择"反射"选项,切换到相应的选项卡,设置"类型"为"GGX","粗糙度"为62%，"高光强度"为13%，其他选项的设置如图3-88所示，单击"关闭"按钮，关闭对话框。

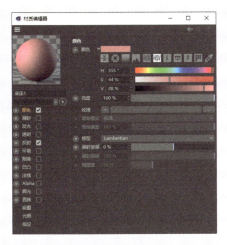

图 3-87

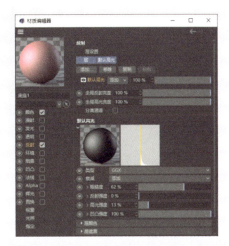

图 3-88

（5）在"对象"面板中展开"场景 → 底座"对象组，将"材质"面板中的"底座1"材质分别拖曳到"对象"面板中的"圆柱体""圆柱体.2"和"圆柱体.3"对象上，如图3-89所示。

（6）在"材质"面板中双击，添加一个材质球，并将其命名为"底座2"。在添加的材质球上双击，弹出"材质编辑器"对话框。在左侧列表中选择"颜色"选项，切换到相应的选项卡，设置"H"为7°，"S"为59%，"V"为80%，其他选项的设置如图3-90所示，单击"关闭"按钮，关闭对话框。

（7）将"材质"面板中的"底座2"材质分别拖曳到"对象"面板中的"圆柱体.1""圆柱体.4""圆柱体.5"和"圆柱体.6"对象上，如图3-91所示。折叠"底座"对象组。

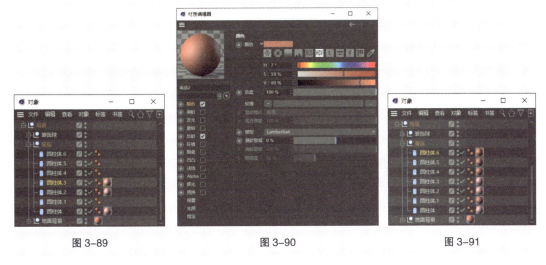

图 3-89   图 3-90   图 3-91

（8）在"材质"面板中双击，添加一个材质球，并将其命名为"装饰球"。在添加的材质球上双击，弹出"材质编辑器"对话框。在左侧列表中选择"颜色"选项，切换到相应的选项卡，设置"纹理"为"渐变"，单击"渐变预览框"按钮，切换到相应的选项卡，如图3-92所示。

（9）双击"渐变"左侧的"色标.1"按钮，弹出"渐变色标设置"对话框，设置"H"为44°，

"S" 为56%，"V" 为97%，如图3-93所示，单击"确定"按钮，返回"材质编辑器"对话框。双击"渐变"右侧的"色标.2"按钮，弹出"渐变色标设置"对话框，设置"H"为343°，"S"为28%，"V"为95%，如图3-94所示。单击"确定"按钮，返回"材质编辑器"对话框。

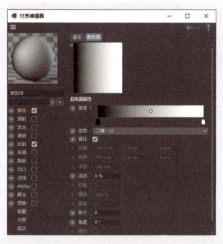

图 3-92

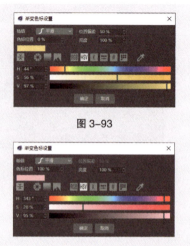

图 3-93

图 3-94

（10）在左侧列表中选择"反射"选项，切换到相应的选项卡，设置"类型"为"GGX"，"粗糙度"为50%，"高光强度"为12%，其他选项的设置如图3-95所示，单击"关闭"按钮，关闭对话框。

（11）将"材质"面板中的"装饰球"材质拖曳到"对象"面板中的"装饰球"对象组上，如图3-96所示。

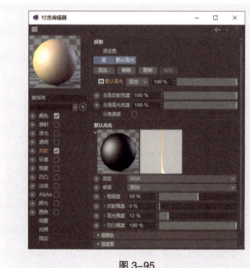

图 3-95

图 3-96

（12）在"材质"面板中双击，添加一个材质球，并将其命名为"盒子"。在添加的材质球上双击，弹出"材质编辑器"对话框。在左侧列表中选择"颜色"选项，切换到相应的选项卡，设置"H"为10°，"S"为80%，"V"为85%，其他选项的设置如图3-97所示。单击"关闭"按钮，关闭对话框。

（13）在"对象"面板中展开"礼物盒 → 左礼物盒"和"礼物盒 → 右礼物盒"对象组，将"材质"面板中的"盒子"材质拖曳到"对象"面板中的"立方体"和"立方体.1"对象上。

（14）在"材质"面板中双击，添加一个材质球，并将其命名为"带子"。在添加的材质球上双击，弹出"材质编辑器"对话框。在左侧列表中选择"颜色"选项，切换到相应的选项卡，设置"H"为33°，"S"为51%，"V"为97%，其他选项的设置如图3-98所示。单击"关闭"按钮，关闭对话框。

（15）将"材质"面板中的"带子"材质拖曳到"对象"面板中的"带子1""带子2""带子3"和"带子4"对象上，如图3-99所示，折叠对象组。

图 3-97

图 3-98

4. 渲染

（1）选择"物理天空"工具 ，在"对象"面板中生成一个"物理天空"对象。在"属性"面板的"太阳"选项卡中，设置"强度"为50%，"类型"为无，如图3-100所示。视图窗口中的效果如图3-101所示。（注："物理天空"对象会根据不同的地理位置和时间，使环境显示出不同的效果，可根据实际需要在"时间与区域"选项卡中对该对象进行特别设置。如果没有对"物理天空"对象进行特别设置，则会自动根据制作时的地理位置和时间对该对象进行设置。）

图 3-99

图 3-100

图 3-101

（2）单击"编辑渲染设置"按钮 ⚙️，弹出"渲染设置"对话框，设置"渲染器"为"物理"，在左侧列表中选择"保存"选项，切换到相应的选项卡，设置"格式"为"PNG"，如图3-102所示。单击"效果"按钮，在弹出的列表中选择"全局光照"，将在对话框左侧列表中添加"全局光照"选项，设置"主算法"为"准蒙特卡罗(QMC)"，"次级算法"为"准蒙特卡罗(QMC)"，如图3-103所示。

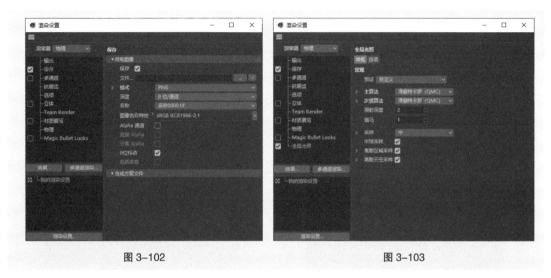

图 3-102   图 3-103

（3）单击"效果"按钮，在弹出的列表中选择"环境吸收"，将在对话框左侧列表中添加"环境吸收"选项，设置"最大光线长度"为50cm，勾选"评估透明度"复选框，如图3-104所示。单击"效果"按钮，在弹出的列表中选择"降噪器"，将在对话框左侧列表中添加"降噪器"选项，如图3-105所示。

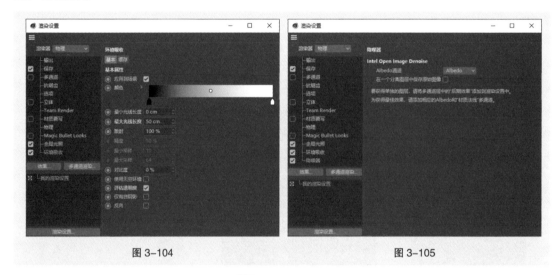

图 3-104   图 3-105

（4）单击"渲染到图像查看器"按钮 ▶️，弹出"图像查看器"对话框，如图3-106所示。渲染完成后，单击对话框中的"将图像另存为"按钮 💾，弹出"保存"对话框，如图3-107所示。

（5）单击"保存"对话框中的"确定"按钮，弹出"保存对话"对话框，在对话框中选择文件保存的位置，并在"文件名"文本框中输入文件名，设置完成后，单击"保存"按钮，保存文件。

圆形展台场景制作完成。

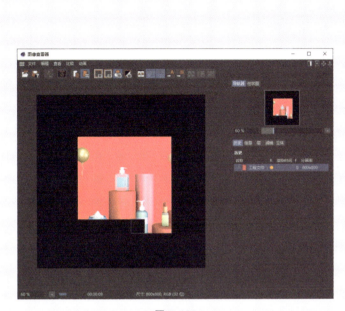
图 3-106

图 3-107

5．信息

（1）打开Photoshop。按Ctrl+O组合键，弹出"打开文件"对话框，选择云盘中的"Ch03 →
3.2.4课堂案例——设计美妆护肤品直通车图 → 渲染效果图"文件，单击"打开"按钮，打开文件。
选择"横排文字"工具 T.，在适当的位置分别输入需要的文字并选取文字。在属性栏中将"颜色"
设置为白色，效果如图3-108所示，在"图层"控制面板中生成新的文字图层。

（2）选择"圆角矩形"工具 □.，在属性栏的"选择工具模式"选项中选择"图形"，将"填充"
颜色设置为白色，"描边"颜色设置为无，"半径"选项设置为40px。在图像窗口中绘制一个圆角矩形，
效果如图3-109所示，在"图层"控制面板中生成新的图形图层"圆角矩形1"。

图 3-108

图 3-109

（3）选择"横排文字"工具 T.，在适当的位置分别输入需要的文字并选取文字，按Ctrl+T组
合键，打开"字符"面板，将"颜色"设置为莓红色（216、75、68）和白色，其他选项的设置如
图3-110和图3-111所示。按Enter键确定操作，效果如图3-112所示。

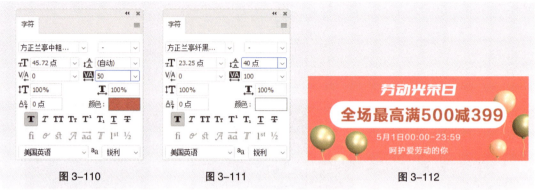

图 3-110　　　　　　　　图 3-111　　　　　　　　图 3-112

（4）选中文字"500"和"399"，打开"字符"面板，选项的设置如图3-113所示。选中文字"呵护爱劳动的你"，在"字符"面板中，选项的设置如图3-114所示。按Enter键确定操作，效果如图3-115所示。

图 3-113　　　　　　　　图 3-114　　　　　　　　图 3-115

（5）选择"直线"工具 ╱，在属性栏中将"填充"颜色设置为白色，"粗细"选项设置为2px。按住Shift键的同时，在图像窗口中绘制一条直线，效果如图3-116所示，在"图层"控制面板中生成新的图形图层"图形 1"。

（6）选择"移动"工具 ✛，按住Alt+Shift组合键的同时，在图像窗口中向右水平拖曳直线到适当的位置以复制直线。效果如图3-117所示，在"图层"控制面板中生成新的图形图层"图形 1 拷贝"。

图 3-116　　　　　　　　　　　　　图 3-117

（7）按住Shift键的同时，单击"劳动光荣日"文字图层，将需要的图层同时选取，按Ctrl+G组合键，群组图层并将其命名为"文字"。

（8）选择"钢笔"工具 ∅，在属性栏中将"填充"颜色设置为白色，"描边"颜色设置为无。在图像窗口中单击绘制图形，效果如图3-118所示，在"图层"控制面板中生成新的图形图层"图形 2"。使用相同的方法绘制其他图形，效果如图3-119所示。

图 3-118   图 3-119

（9）选择"多边形"工具 ◯.，在属性栏中将"填充"颜色设置为白色，"描边"颜色设置为无，"边数"设置为6。单击"设置其他图形和路径选项" ✿.，选项的设置如图3-120所示。在图像窗口中绘制一个星形，如图3-121所示，在"图层"控制面板中生成新的图形图层"多边形 1"。

（10）按Ctrl+T组合键，在图像周围出现变换框，在变换框中单击鼠标右键，在弹出的菜单中选择"斜切"命令，拖曳变换框斜切图形，按Enter键确定操作，效果如图3-122所示。

图 3-120   图 3-121   图 3-122

（11）选择移动工具 ⊕.，按住Alt键的同时，向右拖曳星形到适当的位置以复制星形，并调整复制的星形大小，效果如图3-123所示。按住Shift键的同时，单击"图形 2"图层，将需要的图层同时选取，按Ctrl+G组合键，群组图层并将其命名为"装饰"，如图3-124所示。

图 3-123   图 3-124

（12）选择"文件 → 导出 → 存储为Web所用格式（旧版）"命令，在弹出的对话框中进行设置，单击"存储"按钮，导出效果图。美妆护肤品直通车图设计完成。

3.3 钻展图设计

钻展图是可以为商家实现店铺曝光及商品推广的有效营销工具，因此钻展图的视觉效果在很大程度上影响着店铺的曝光度和商品的推广。下面分别从钻展图的基本概念、钻展图的设计尺寸以及钻展图的设计方法3个方面展开讲解。

3.3.1 钻展图的基本概念

钻展图即钻石展位图，是一种强有力的营销工具。与直通车图一样，钻展图需要商家付费购买图片展示位置，以进行商品推广、活动宣传甚至品牌推广，吸引消费者点击。钻展图通常位于电商平台首页的醒目位置，如图3-125所示。

图 3-125

3.3.2 钻展图的设计尺寸

钻展图由于展示位置不同，导致设计尺寸各异。钻展图根据常见的设计尺寸主要可以分为以下3类。

（1）首页焦点钻展图

首页焦点钻展图位于淘宝首页上方，此处是整个淘宝首页的视觉中心。其设计尺寸为520px×280px，由于尺寸较大，能够更好地展示商品与文案，因此其价格昂贵，如图3-126所示。

（2）首页二焦点钻展图

首页二焦点钻展图位于淘宝首页焦点钻展图右下角，其设计尺寸为160px×200px，由于尺寸较小，因此主要用于展示商品，文案要精简，但需要加大字号，如图3-127所示。

（3）首页通栏钻展图

首页通栏钻展图位于淘宝首页"有好货"的下方，其设计尺寸为375px×130px，尺寸和价格适中，且有较高的性价比，设计时需要图文结合，如图3-128所示。

图 3-126

图 3-127

图 3-128

3.3.3 钻展图的设计方法

1. 推广内容

进行钻展图设计时，为了提高点击率，需要先确定推广内容，再根据内容进行图片和文案的设计。钻展图的推广内容通常可以分为以下3种。

（1）推广单品：其图片素材多选择单品，文案以商品卖点和折扣、促销信息为重点，如图3-129所示。

图 3-129

（2）推广活动或店铺：其图片素材多选择商品的组合或模特，文案以折扣、促销信息为重点，如图3-130所示。

（3）推广品牌：其图片素材多选择品牌相关素材，文案要弱化促销，强化品牌，如图3-131所示。

图 3-130

图 3-131

2.设计技巧

钻展图虽然帮助商家通过付费进行商品推广，但商品之间依然存在着强烈的竞争。因此设计师可以通过一些设计技巧令设计的钻展图更加引人注目。

（1）直接运用商品图作为背景，简洁醒目，快速吸引消费者，如图3-132所示。

（2）将文字和商品图进行适当角度的倾斜，令整个画面更富有张力，更能吸引消费者，如图3-133所示。

图 3-132　　　　　　　　　　　图 3-133

3.3.4　课堂案例——设计美食活动钻展图

【案例学习目标】学习使用Photoshop的绘图工具、文字工具设计美食活动钻展图。

【案例知识要点】使用"横排文字"工具添加文字，使用"圆角矩形"工具绘制基本图形，使用"添加图层样式"按钮为图形添加效果。

60

【效果文件位置】云盘/Ch03/3.3.4课堂案例——设计美食活动钻展图/工程文件.psd，如图3-134所示。

图 3-134

（1）打开Photoshop，按Ctrl+N组合键，弹出"新建文档"对话框，设置"宽度"为520px，"高度"为280px，"分辨率"为72px/in，"颜色模式"为RGB颜色，"背景内容"为橘黄色（255、128、48），单击"创建"按钮，新建一个文件。

（2）按Ctrl＋O组合键，打开云盘中的"Ch03 → 3.3.4 课堂案例——设计美食活动钻展图 →素材 → 01"文件。选择"移动"工具 ⊕.，将"01"图像拖曳到新建的图像窗口中适当的位置，如图3-135所示，在"图层"控制面板中生成新的图层并将其命名为"底纹"。在"图层"控制面板的上方设置"混合模式"选项为"柔光",如图3-136所示,效果如图3-137所示。

图 3-135   图 3-136   图 3-137

(3)按Ctrl+O组合键,打开云盘中的"Ch03 → 3.3.4 课堂案例——设计美食活动钻展图 → 素材 → 02、03"文件。选择"移动"工具 ✛.,将"02"和"03"图像拖曳到新建的图像窗口中适当的位置,在"图层"控制面板中生成新的图层并将其命名为"鱼"和"辣椒"。

(4)在"图层"控制面板中选中"鱼"图层,单击"图层"控制面板下方的"添加图层样式"按钮 fx.,在弹出的菜单中选择"投影"命令,弹出对话框,设置"投影"颜色为深灰色(72、55、41),其他选项的设置如图3-138所示。单击"确定"按钮,效果如图3-139所示。

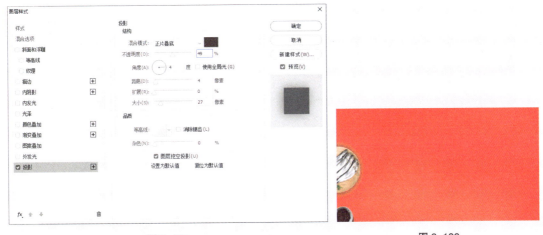

图 3-138   图 3-139

(5)使用相同的方法,为"辣椒"图层添加投影效果。单击"图层"控制面板下方的"创建新的填充或调整图层"按钮 ◑.,在弹出的菜单中选择"色彩平衡"命令,在"图层"控制面板中生成"色彩平衡"图层,同时弹出"属性"面板,打开"色彩平衡"选项卡,选项的设置如图3-140所示,按Enter键确定操作。

(6)单击"图层"控制面板下方的"创建新的填充或调整图层"按钮 ◑.,在弹出的菜单中选择"亮度/对比度"命令,在"图层"控制面板中生成"亮度/对比度"图层,同时弹出"属性"面板,打开"亮度/对比度"选项卡,选项的设置如图3-141所示。按Enter键确定操作,图像效果如图3-142所示。

图 3-140　　　　　　　图 3-141　　　　　　　图 3-142

（7）使用上述方法分别置入"04～18"素材文件，将其分别命名、添加投影效果并调整色调，在"图层"控制面板中分别生成新的图层，效果如图3-143所示。

（8）按住Shift键的同时，单击"鱼"图层，将需要的图层同时选取。按Ctrl+G组合键，群组图层并将其命名为"美食"。

（9）选择"横排文字"工具 T.，在适当的位置输入需要的文字并选取文字，选择"窗口 → 字符"命令，弹出面板，将"颜色"设置为白色，并设置合适的字体和字号，按Enter键确定操作。在"图层"控制面板中生成新的文字图层，效果如图3-144所示。

图 3-143　　　　　　　　　　　　图 3-144

（10）单击"图层"控制面板下方的"添加图层样式"按钮 fx.，在弹出的菜单中选择"渐变叠加"命令，在弹出的对话框中，单击"渐变"选项右侧的"点按可编辑渐变"按钮，弹出"渐变编辑器"对话框，在"位置"选项中分别输入60、100两个位置点，分别设置两个位置点颜色的RGB值为60（255、255、255）、100（255、192、153），如图3-145所示。单击"确定"按钮，返回"渐变叠加"对话框，其他选项的设置如图3-146所示。单击"确定"按钮，效果如图3-147所示。

（11）使用相同的方法分别输入其他文字，并添加渐变叠加效果，在"图层"控制面板中分别生成新的文字图层，效果如图3-148所示。按住Shift键的同时，单击"满"图层，将需要的图层同时选取。按Ctrl+G组合键，群组图层并将其命名为"标题"。

图 3-145

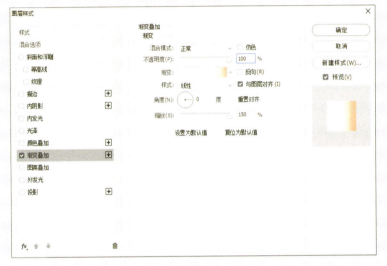

图 3-146

图 3-147

图 3-148

（12）选择"圆角矩形"工具 ▢.，在属性栏的"选择工具模式"选项中选择"图形"，将"填充"颜色设置为亮黄色（255、247、1），"描边"颜色设置为无，"半径"选项设置为40px，在图像窗口中绘制一个圆角矩形，如图3-149所示，在"图层"控制面板中生成新的图形图层"圆角矩形1"。

（13）选择"横排文字"工具 T.，在适当的位置输入需要的文字并选取文字，在"字符"面板中，将"颜色"设置为橘黄色（255、128、48），并设置合适的字体和字号，按Enter键确定操作，如图3-150所示。使用相同的方法输入其他文字，效果如图3-151所示，在"图层"控制面板中分别生成新的文字图层。

图 3-149　　　　　　　　图 3-150　　　　　　　　图 3-151

（14）按住Shift键的同时，单击"标题"图层组，将需要的图层同时选取。按Ctrl+G组合键，群组图层并将其命名为"文字"，如图3-152所示，效果如图3-153所示。

图 3-152

图 3-153

（15）选择"文件 → 导出 → 存储为Web所用格式（旧版）"命令，在弹出的对话框中进行设置，单击"存储"按钮，导出效果图。美食活动钻展图设计完成。

3.4　课堂练习——设计入耳式耳机直通车图

【练习知识要点】使用Photoshop的绘图工具、文字工具制作入耳式耳机直通车图，最终效果如图3-154所示。

【效果文件位置】云盘/Ch03/3.4课堂练习——设计入耳式耳机直通车图/工程文件.psd。

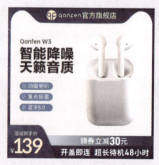

图 3-154

3.5 课后习题——设计护肤面膜钻展图

【习题知识要点】使用Photoshop的绘图工具、文字工具设计护肤面膜钻展图，最终效果如图3-155所示。

【效果文件位置】云盘/Ch03/3.5课后习题——设计护肤面膜钻展图/工程文件.psd。

图 3-155

第4章

PC 端海报设计

第4章简介

▶ 本章介绍

　　PC端海报设计是电商视觉设计任务中的重中之重，PC端海报较营销推广图更为醒目、震撼，精心设计的PC端海报能够令消费者快速了解平台或店铺的活动信息以及促销信息。本章针对PC端海报的基本概念、类型与尺寸以及表现手法等知识进行系统讲解，并针对流行风格与典型行业的PC端海报进行设计演练。通过学习本章，学生可以了解PC端海报的设计思路，掌握其制作方法。

▶ 学习引导

知识目标

- 了解PC端海报的基本概念
- 熟悉PC端海报的类型与尺寸

素养目标

- 提高审美水平
- 建立诚信意识

能力目标

- 熟悉PC端海报的设计思路
- 掌握PC端海报的制作方法

4.1 PC 端海报的基本概念

电商视觉设计中的海报有别于传统平面设计中的海报，它是店铺或平台中的Banner，用于展示活动、促销等信息，如图4-1所示。

图 4-1

4.2 PC 端海报的类型与尺寸

PC端海报可以根据设计尺寸分为PC端全屏海报和PC端常规海报。

4.2.1 PC 端全屏海报

PC端全屏海报常用于PC端店铺首页和PC端平台专题页，如图4-2所示。这类海报的设计尺寸会根据不同电商平台的规则和商家的具体设计要求而有所区别，这类海报宽度为1920px，高度建议为500～800px，常用高度为500px、550px、600px、650px、700px、800px。

HUAWEI FreeBuds Pro 3

建议零售价：¥1499起

图 4-2

4.2.2 PC 端常规海报

PC端常规海报在尺寸上有别于全屏海报，也用于PC端店铺首页，如图4-3所示。这类海报常用宽度为950px、750px和190px，高度建议为100～600px，常用设计尺寸为750px×250px和950px×250px。

图 4-3

4.3 PC 端海报的表现手法

使用各种表现手法能够有效加强海报的画面形式感，让已经合理布局的PC端海报更富有冲击力。PC端海报的表现手法多种多样，常用的有摄影、合成、手绘、三维等。设计师可以根据商家需求对PC端海报进行灵活设计。

4.3.1 摄影

摄影表现手法是指使用相机捕捉实际场景、物体或人物影像，再通过后期处理软件进行调整、编辑和美化，以达到海报设计的目的，如图4-4所示。摄影可以呈现真实的场景和情感，适用于展示商品、人物或风景。

图 4-4

4.3.2 合成

合成表现手法是指将多张照片、图像或多种元素通过后期处理软件合并在一起，创造出新的场景或图像，如图4-5所示。设计师可以通过合成实现一些想象中的场景或概念，创造出引人注目的效果。

图 4-5

4.3.3　手绘

　　手绘表现手法是指将艺术家的绘画技巧应用到海报设计中，通过绘制、涂鸦或描绘创造出独特的图像效果，如图4-6所示。手绘可以赋予海报更强的个性和艺术感，使其与众不同，适用于一些文艺类或创意类的主题。

图 4-6

4.3.4　三维

　　三维表现手法是指利用计算机图形学技术创建出具有立体感的图像或场景，如图4-7所示。设计师可以使用三维建模软件创建物体、场景或人物，并通过渲染技术将其呈现在海报中。三维设计可以带来更加生动和具有冲击力的视觉效果，适用于需要突出立体感和现代感的海报设计。

图 4-7

4.3.5　课堂案例——设计西湖龙井海报

　　【案例学习目标】学习使用Photoshop的绘图工具、文字工具制作西湖龙井海报。

　　【案例知识要点】使用"置入嵌入对象"命令置入图片，使用"横排文字"工具添加文字，使用"矩形"工具、"圆角矩形"工具绘制基本图形，使用"添加图层样式"按钮为图像添加效果。

　　【效果文件位置】云盘/Ch04/4.3.5课堂案例——设计西湖龙井海报/工程文件.psd，如图4-8所示。

设计西湖龙井
海报

图 4-8

（1）打开Photoshop，按Ctrl+N组合键，弹出"新建文档"对话框，设置"宽度"为1920px，"高度"为700px，"分辨率"为72px/in，"颜色模式"为RGB颜色，"背景内容"为白色，如图4-9所示。单击"创建"按钮，新建一个文件。

（2）选择"矩形"工具 □.，在属性栏的"选择工具模式"选项中选择"图形"，将"填充"颜色设置为白色，"描边"颜色设置为无，在图像窗口中绘制一个与页面大小相等的矩形，如图4-10所示，在"图层"控制面板中生成新的图形图层"矩形1"。

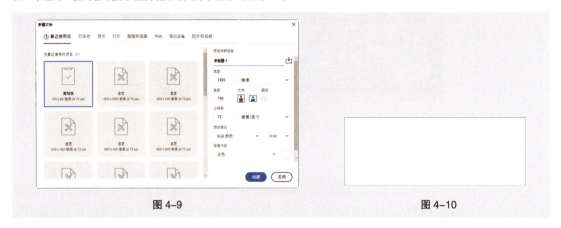

图 4-9   图 4-10

（3）单击"图层"控制面板下方的"添加图层样式"按钮 fx.，在弹出的菜单中选择"渐变叠加"命令。在弹出的对话框中，单击"渐变"选项右侧的"点按可编辑渐变"按钮 ▬▬▬ ，弹出"渐变编辑器"对话框，分别设置两个位置点颜色的RGB值为20（152、197、192）、80（222、236、235），如图4-11所示。单击"确定"按钮，返回"渐变叠加"对话框，其他选项的设置如图4-12所示。单击"确定"按钮，为矩形添加渐变叠加效果。

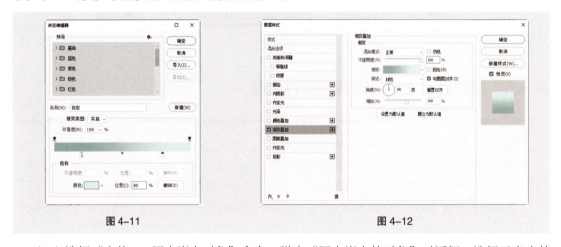

图 4-11   图 4-12

（4）选择"文件 → 置入嵌入对象"命令，弹出"置入嵌入的对象"对话框，选择云盘中的"Ch04 → 4.3.5课堂案例——设计西湖龙井海报 → 素材 → 01"文件。单击"置入"按钮，将图片置入图像窗口中，将"01"图像拖曳到适当的位置，按Enter键确定操作，如图4-13所示，在"图层"控制面板中生成新的图层并将其命名为"山 1"。

（5）在"图层"控制面板中将图层的"混合模式"设置为"正片叠底"。单击"图层"控制面板下方的"添加图层蒙版"按钮 □，为"山 1"图层添加图层蒙版，如图4-14所示。按住Ctrl键的同时，单击图层前的缩览图，载入选区。

图 4-13

图 4-14

（6）选择"渐变"工具 ，单击属性栏中的"点按可编辑渐变"按钮，弹出"渐变编辑器"对话框，将渐变色设置为从黑色到白色，单击"确定"按钮。在图像窗口中由下至上拖曳渐变色。

（7）按Ctrl+D组合键，取消选区。选择"画笔"工具 ，在属性栏中单击"画笔预设"选项，在弹出的面板中进行设置，如图4-15所示。将前景色设置为黑色，在图像窗口中拖曳鼠标指针擦除不需要的部分，效果如图4-16所示。

图 4-15

图 4-16

（8）使用上述方法置入图像并添加图层蒙版，如图4-17所示，效果如图4-18所示。选择"椭圆"工具 ，在属性栏中将"填充"颜色设置为白色，"描边"颜色设置为无。按住Shift键的同时，在图像窗口中绘制一个圆形，效果如图4-19所示，在"图层"控制面板中生成新的图形图层"椭圆1"。

图 4-17

图 4-18

图 4-19

（9）在"图层"控制面板中将"不透明度"选项设置为70%，如图4-20所示。在"属性"面板中，选择"蒙版"选项，切换到相应的选项卡中进行设置，如图4-21所示，效果如图4-22所示。

图 4-20   图 4-21   图 4-22

（10）按住Shift键的同时，单击"矩形 1"图层，将需要的图层同时选取，按Ctrl+G组合键，群组图层并将其命名为"背景"。使用上述方法置入其他图像，在"图层"控制面板中分别生成新的图层，如图4-23所示，效果如图4-24所示。

（11）单击"石头"图层，选择"矩形"工具 □，在属性栏中将"填充"设置为渐变，设置两个位置点颜色的RGB值分别为0（55、20、6）、100（0、0、0），将不透明度色标的位置设置为0（100%）、100（0%），如图4-25所示，按Enter键确定操作。将"描边"颜色设置为无，在图像窗口中适当的位置绘制一个矩形，在"图层"控制面板中生成新的图形图层并将其命名为"投影"。

图 4-23   图 4-24   图 4-25

（12）选择"直接选择"工具 ▷，按住Shift键的同时，分别单击需要的锚点，将其向左移动到适当的位置，效果如图4-26所示。选择"矩形"工具 □，按住Shift键的同时，再绘制一个矩形，选择"直接选择"工具 ▷，按住Shift键的同时，分别单击需要的锚点，将其向左移动到适当的位置，效果如图4-27所示。使用上述方法绘制其他图形，效果如图4-28所示。

图 4-26   图 4-27   图 4-28

（13）选择"茶壶"图层，单击"图层"控制面板下方的"创建新的填充或调整图层"按钮 ⊙，在弹出的菜单中选择"色彩平衡"命令，在"图层"控制面板中生成"色彩平衡1"图层，在弹出的"属性"面板的"色彩平衡"选项卡中进行设置，如图4-29所示。按Enter键确定操作，效果如图4-30所示。

（14）选择"礼盒"图层，按住Shift键的同时，单击"石头"图层，将需要的图层同时选取，如图4-31所示。按Ctrl+G组合键，群组图层并将其命名为"商品"，如图4-32所示。

图 4-29　　　　　　　图 4-30　　　　　　　图 4-31　　　　　　　图 4-32

（15）使用上述方法置入"10"图片并调整大小，在"图层"控制面板中生成新的图层并将其命名为"叶子"。单击"图层"控制面板下方的"创建新的填充或调整图层"按钮 ⊙，在弹出的菜单中选择"色彩平衡"命令，在"图层"控制面板中生成"色彩平衡 2"图层，在弹出的"属性"面板的"色彩平衡"选项卡中进行设置，如图4-33所示，效果如图4-34所示。

（16）再次单击"图层"控制面板下方的"创建新的填充或调整图层"按钮 ⊙，在弹出的菜单中选择"曲线"命令，在"图层"控制面板中生成"曲线1"图层，在弹出的"属性"面板的"曲线"选项卡中单击左下角的控制点，将"输入"选项设置为20，"输出"选项设置为0，如图4-35所示，按Enter键确定操作。在"图层"控制面板中将图层的"混合模式"设置为"正片叠底"，效果如图4-36所示。

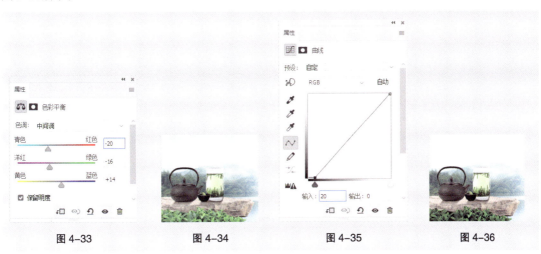

图 4-33　　　　　　　图 4-34　　　　　　　图 4-35　　　　　　　图 4-36

（17）按住Shift键的同时，单击"叶子"图层，将需要的图层同时选取，按Ctrl+J组合键，复制图层，并将其拖曳到"叶子"图层的下方。按Ctrl+T组合键，在图像周围出现变换框，拖曳图像到适当的位置，按Enter键确定操作，效果如图4-37所示。

（18）选择"曲线 1"图层，使用上述方法复制并置入图像，效果如图4-38所示。按住Shift键的同时，单击"叶子 拷贝"图层，将需要的图层同时选取，按Ctrl+G组合键，群组图层并将其命名为"前景"，如图4-39所示。

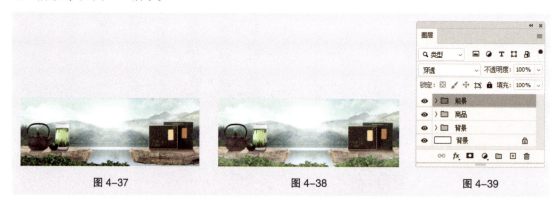

图 4-37 图 4-38 图 4-39

（19）选择"背景"图层组，使用上述方法置入"茶叶"图像。选择"滤镜 → 模糊 → 高斯模糊"命令，弹出"高斯模糊"对话框并在其中进行设置，如图4-40所示，单击"确定"按钮。使用上述方法生成"色彩平衡 3"图层，在弹出的"属性"面板的"色彩平衡"选项卡中进行的设置如图4-41所示，效果如图4-42所示。

（20）按住Shift键的同时，单击"茶叶"图层，将需要的图层同时选取，按Ctrl+J组合键，复制图层，并将其拖曳到"茶叶"图层的下方。按Ctrl+T组合键，在图像周围出现变换框，拖曳图像到适当的位置，单击鼠标右键，在弹出的面板中选择"水平翻转"选项，按Enter键确定操作，效果如图4-43所示。

图 4-40 图 4-41 图 4-42 图 4-43

（21）选择"色彩平衡 3"调整图层，单击"茶叶 拷贝"图层，将需要的图层同时选取，按Ctrl+G组合键，群组图层，如图4-44所示。

（22）选择"前景"图层组。选择"横排文字"工具 T.，在图像窗口中输入需要的文字并选取文字。选择"窗口 → 字符"命令，打开"字符"面板，在"字符"面板中，将"颜色"设置为苍绿色（44、91、77），其他选项的设置如图4-45所示。按Enter键确定操作，效果如图4-46所示，在"图层"控制面板中生成新的文字图层。

|图 4-44|图 4-45|图 4-46|

（23）使用相同的方法输入其他文字并为文字添加渐变叠加效果，如图4-47所示，效果如图4-48所示。选择"圆角矩形"工具 ◻.，在属性栏中将"填充"颜色设置为枣红色（184、49、27），"描边"颜色设置为无，"半径"选项设置为12px。在图像窗口中适当的位置绘制一个圆角矩形。效果如图4-49所示，在"图层"控制面板中生成新的图形图层"圆角矩形1"。

|图 4-47|图 4-48|图 4-49|

（24）选择"横排文字"工具 T.，在图像窗口中输入需要的文字并选取文字。在"字符"面板中，将"颜色"设置为白色，其他选项的设置如图4-50所示。按Enter键确定操作，效果如图4-51所示，在"图层"控制面板中生成新的文字图层。

（25）按住Shift键的同时，单击文字图层，将需要的图层同时选取，如图4-52所示。按Ctrl+G组合键，群组图层并将其命名为"文字"。使用上述方法置入"14"图片，在"图层"控制面板中生成新的图层并将其命名为"茶叶"，效果如图4-53所示。西湖龙井海报设计完成。

|图 4-50|图 4-51|

图 4-52

图 4-53

4.4 课堂练习——设计美味零食海报

【练习知识要点】使用Cinema 4D的造型工具、文本工具设计美味零食海报，最终效果如图4-54所示。

【效果文件位置】云盘/Ch04/4.4课堂练习——设计美味零食海报/工程文件.c4d。

图 4-54

设计美味零食海报 1

设计美味零食海报 2

设计美味零食海报 3

设计美味零食海报 4

设计美味零食海报 5

设计美味零食海报 6

4.5 课后习题——设计沐浴露海报

【**习题知识要点**】使用Photoshop的绘图工具、文字工具设计沐浴露海报，最终效果如图4-55所示。

【**效果文件位置**】云盘/Ch04/4.5课后习题——设计沐浴露海报/工程文件.psd。

图 4-55

第5章
手机端海报设计

第5章简介

▶ 本章介绍

手机端海报设计和PC端海报设计一样，也是电商视觉设计中的重要任务，手机端海报较PC端海报更便于传播，精心设计的手机端海报能够令消费者快速了解平台或店铺的活动信息以及促销信息。本章针对手机端海报的基本概念、类型与尺寸以及设计特点等知识进行系统讲解，并针对流行风格与典型行业的手机端海报进行设计演练。通过学习本章，学生可以了解手机端海报的设计思路，掌握其制作方法。

▶ 学习引导

知识目标

- 了解手机端海报的基本概念
- 熟悉手机端海报的类型与尺寸
- 明确手机端海报的设计特点

素养目标

- 培养人性化的设计意识
- 提高精益求精的工作作风

能力目标

- 熟悉手机端海报的设计思路
- 掌握手机端海报的制作方法

5.1 手机端海报的基本概念

手机端海报是用于在移动设备上展示和推广商品的图像，如图5-1所示。手机端海报较PC端海报有着更加丰富的呈现类型和表现形式。

图 5-1

5.2 手机端海报的类型与尺寸

手机端海报可以根据设计尺寸分为手机端竖版海报和手机端横版海报。

5.2.1 手机端竖版海报

手机端竖版海报常作为平台App闪屏页、平台App弹窗、手机端店铺首页和手机端店铺专题页出现，如图5-2所示。当手机端竖版海报作为平台App闪屏页出现时，宽度为750px，高度为1624 px。当手机端竖版海报作为平台App弹窗出现时，宽度建议在580px以内，高度建议在1000px以内。当手机端竖版海报作为手机端店铺首页和手机端店铺专题页头图出现时，宽度为1200px，高度建议为120～2000px，可以使用3：4的比例确定具体的高度。

图 5-2

5.2.2 手机端横版海报

手机端横版海报常作为平台App轮播图、平台App横版广告图以及手机端平台专题页头图出现，如图5-3所示。手机端海报根据不同的展示位置，设计尺寸也会有所不同。手机端横版海报宽度为750px，高度会根据不同的展示位置发生变化，可以根据不同的展示位置通过宽度和高度比例确定高度。当手机端横版海报作为平台App轮播图出现时，常用3：1比例。当手机端横版海报作为平台App横版广告图出现时，常用2：1比例。当手机端横版海报作为手机端平台专题页头图出现时，常用2：1比例。

图 5-3

5.3 手机端海报的设计特点

在有限的页面空间内，手机端海报需要简洁明了地传达信息。其设计特点可以总结为内容更为简洁、布局适配性强和重视动态效果，综合运用这些特点，可以设计出符合手机端消费者需求和习惯的手机端海报。

5.3.1 内容更为简洁

由于手机屏幕相对较小，海报设计需要简洁明了，以确保信息能够清晰地传达给消费者，如图5-4所示。

图 5-4

5.3.2 布局适配性强

设计师需要考虑不同手机设备的屏幕尺寸和分辨率，采用响应式布局设计海报，海报适配的屏幕通常以竖屏或高度较低的横屏为主，设计时需要确保海报在不同手机设备上都能够呈现出最佳的效果，如图5-5所示。

图 5-5

5.3.3 重视动态效果

设计手机端海报时可添加一些与消费者互动的元素或者丰富的动态效果等，使消费者能够与海报进行互动，增强消费者的体验和参与感，如图5-6所示。

图 5-6

5.3.4 课堂案例——设计家用电器手机端海报

【案例学习目标】学习使用Cinema 4D 的参数化工具、生成器工具、多边形建模工具、材质工具及渲染工具和 Photoshop 的 Camera Raw 滤镜设计家用电器手机端海报。

【案例知识要点】使用"圆柱体"和"细分曲面"工具，"挤压""内部挤压"和"循环/路径切割"命令制作台子和上方灯；使用"立方体""圆柱体""对称""挤压"和"细分曲面"工具，"倒角""内部挤压""分裂""挤压"和"循环/路径切割"命令制作商品；使用"合并项目"命令合并已制作完的模型和素材模型；使用"材质"面板创建材质并设置材质参数；使用"渲染到图像查看器"按钮渲染图像。

【效果文件位置】云盘/Ch05/5.3.4课堂案例——设计家用电器手机端海报/工程文件.psd，如图5-7所示。

（a）渲染效果图　　　　　　　　　（b）设计效果图

图 5-7

设计家用电器手机端海报 1　设计家用电器手机端海报 2　设计家用电器手机端海报 3　设计家用电器手机端海报 4　设计家用电器手机端海报 5

1. 建模

（1）打开Cinema 4D，选择"文件 → 打开项目"命令，在弹出的"打开文件"对话框中，选择"Ch05 → 设计家用电器手机端海报 → 素材 → 01.c4d"，单击"打开"按钮，打开文件，"对象"面板如图5-8所示，视图窗口中的效果如图5-9所示。

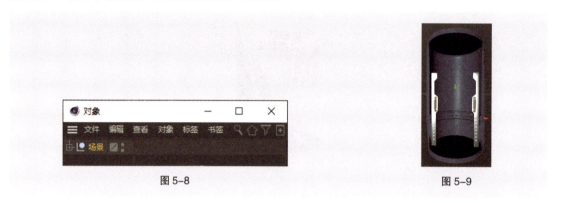

图 5-8　　　　　　　　　　　　　　　　图 5-9

（2）选择"圆柱体"工具，在"对象"面板中生成一个"圆柱体"对象，并将其重命名为"台子"。在"属性"面板的"对象"选项卡中，设置"半径"为314cm，"高度"为75cm，如图5-10所示。在"坐标"选项卡中，设置"P.X"为0cm，"P.Y"为110cm，"P.Z"为107cm，如图5-11所示。在"对象"面板中，用鼠标右键单击"台子"对象，在弹出的菜单中选择"转为可编辑对象"命令，将其转换为可编辑对象。

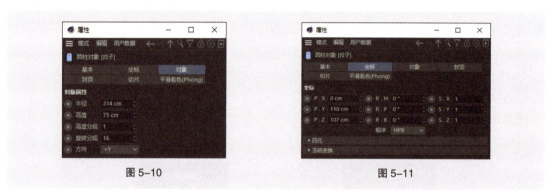

图 5-10　　　　　　　　　　　　　　　　图 5-11

（3）单击"多边形"按钮，切换为多边形模式。选择"实时选择"工具，选中需要的面，如图5-12所示。在视图窗口中单击鼠标右键，在弹出的菜单中选择"内部挤压"命令，在"属性"面板中，设置"偏移"为27cm，如图5-13所示。按住Ctrl键的同时，向下拖曳"Y"轴到32cm的位置，效果如图5-14所示。

（4）在"属性"面板中，设置"偏移"为36cm，如图5-15所示。单击"应用"按钮，视图窗口中的效果如图5-16所示。按住Ctrl键的同时，向上拖曳"Y"轴到45cm的位置，效果如图5-17所示。

（5）在"属性"面板中，设置"偏移"为25cm，单击"应用"按钮，视图窗口中的效果如图5-18所示。按住Ctrl键的同时，向下拖曳"Y"轴到45cm的位置，效果如图5-19所示。在"属性"面板中，设置"偏移"为25cm，单击"应用"按钮，视图窗口中的效果如图5-20所示。向上拖曳"Y"轴到232cm的位置，效果如图5-21所示。

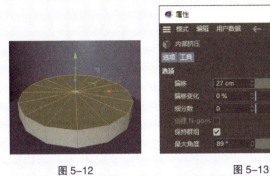

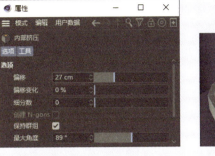

图 5-12　　　　　　　　　　　图 5-13　　　　　　　　　　　图 5-14

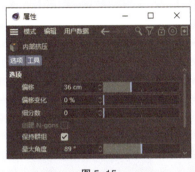

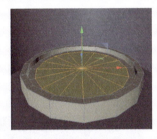

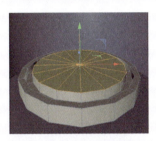

图 5-15　　　　　　　　　　　图 5-16　　　　　　　　　　　图 5-17

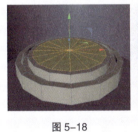

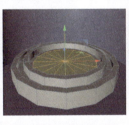

图 5-18　　　　　　　图 5-19　　　　　　　图 5-20　　　　　　　图 5-21

（6）在视图窗口中单击鼠标右键，在弹出的菜单中选择"循环/路径切割"命令，在视图窗口中选择要切割的面，在"属性"面板中设置"偏移"为25%，视图窗口中的效果如图5-22所示。选择"选择 → 循环选择"命令，选中需要的面，如图5-23所示。在视图窗口中单击鼠标右键，在弹出的菜单中选择"挤压"命令，在"属性"面板中，设置"偏移"为61cm，视图窗口中的效果如图5-24所示。

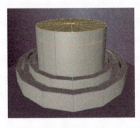

图 5-22　　　　　　　　　　　图 5-23　　　　　　　　　　　图 5-24

（7）在视图窗口中单击鼠标右键，在弹出的菜单中选择"循环/路径切割"命令，在视图窗口中选择要切割的面，在"属性"面板中设置"偏移"为42%，视图窗口中的效果如图5-25所示。选择"实时选择"工具，选中需要的面，按住Ctrl键的同时，向下拖曳"Y"轴到26cm的位置，效果如图5-26所示。选中需要的面，按住Ctrl键的同时，向上拖曳"Y"轴到83cm的位置，效果如图5-27所示。

图 5-25

图 5-26

图 5-27

（8）单击"边"按钮，切换为边模式。按住Shift键的同时，在视图窗口中选中需要的边，如图5-28所示。在视图窗口中单击鼠标右键，在弹出的菜单中选择"倒角"命令，在"属性"面板中，设置"倒角模式"为实体，"偏移"为3.8cm，如图5-29所示，视图窗口中的效果如图5-30所示。

图 5-28

图 5-29

图 5-30

（9）在视图窗口中单击鼠标右键，在弹出的菜单中选择"循环/路径切割"命令，在视图窗口中选择要切割的面，在"属性"面板中，勾选"镜像切割"复选框，设置"偏移"为40%，效果如图5-31所示。再次切割需要的面，在"属性"面板中，设置"偏移"为64%，效果如图5-32所示。

（10）按住Alt键的同时，选择"细分曲面"工具，在"置物台"对象的上方生成一个"细分曲面"的父集对象，并将其重命名为"置物台"，视图窗口中的效果如图5-33所示。折叠"置物台"对象组。

图 5-31

图 5-32

图 5-33

（11）使用相同的方法制作"上方灯"对象组，在"对象"面板中生成新的对象组，如图5-34所示，视图窗口中的效果如图5-35所示。

图5-34 图5-35

（12）选择"立方体"工具，在"对象"面板中生成一个"立方体"对象。在"属性"面板的"对象"选项卡中，设置"尺寸.X"为334cm，"尺寸.Y"为404cm，"尺寸.Z"为241cm，如图5-36所示。在"坐标"选项卡中，设置"P.X"为0cm，"P.Y"为620cm，"P.Z"为107cm，如图5-37所示。在"对象"面板中，用鼠标右键单击"立方体"对象，在弹出的菜单中选择"转为可编辑对象"命令，将其转换为可编辑对象。

图5-36 图5-37

（13）选中需要的面，如图5-38所示，选择"缩放"工具，在空白处拖曳鼠标指针，缩小面为78%，效果如图5-39所示。单击"边"按钮，切换为边模式。选中需要的边，如图5-40所示，在视图窗口中单击鼠标右键，在弹出的菜单中选择"倒角"命令，在"属性"面板中，设置"倒角模式"为倒棱，"偏移"为33cm，视图窗口中的效果如图5-41所示。选中需要的边，在视图窗口中单击鼠标右键，在弹出的菜单中选择"倒角"命令，在"属性"面板中，设置"偏移"为64cm，视图窗口中的效果如图5-42所示。

图5-38 图5-39 图5-40 图5-41 图5-42

（14）单击"多边形"按钮◉，切换为多边形模式。选中需要的面，在视图窗口中单击鼠标右键，在弹出的菜单中选择"内部挤压"命令，在"属性"面板中，设置"偏移"为13cm，效果如图5-43所示。按住Ctrl键的同时，向下拖曳"Y"轴到7cm的位置，效果如图5-44所示。在视图窗口中单击鼠标右键，在弹出的菜单中选择"内部挤压"命令，在"属性"面板中，设置"偏移"为3cm，效果如图5-45所示。按住Ctrl键的同时，向上拖曳"Y"轴到18cm的位置，效果如图5-46所示。

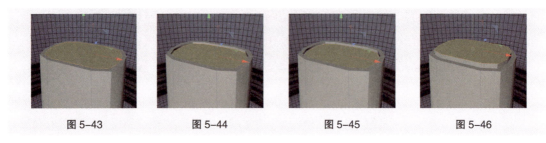

图 5-43　　　　　　图 5-44　　　　　　图 5-45　　　　　　图 5-46

（15）单击"边"按钮◉，切换为边模式。选择"选择 → 循环选择"命令，按住Shift键的同时，选中需要的边，如图5-47所示。在视图窗口中单击鼠标右键，在弹出的菜单中选择"倒角"命令，在"属性"面板中，设置"倒角模式"为实体，"偏移"为2cm，视图窗口中的效果如图5-48所示。按住Alt键的同时，选择"细分曲面"工具◉，在"立方体"对象的上方生成一个"细分曲面"的父集对象，并将其重命名为"机身"，如图5-49所示。在"属性"面板的"对象"选项卡中，设置"编辑器细分"为1，"渲染器细分"为1，如图5-50所示。

图 5-47　　　　　　　　　　　　　　图 5-48

图 5-49　　　　　　　　　　　　　　图 5-50

（16）在"对象"面板中，使用鼠标右键单击"机身"对象组，在弹出的菜单中选择"连接对象+删除"命令，将"机身"对象组进行连接。单击"多边形"按钮◉，切换为多边形模式。选择"实时选择"工具◉，选中需要的面，如图5-51所示。在视图窗口中单击鼠标右键，在弹出的菜单中选择"分裂"命令，将选中的面分裂，在"对象"面板中，生成新的"机身.1"对象，按住Alt键的同时，双击对象右侧的▮按钮，隐藏对象，如图5-52所示。选中"机身"对象，按Delete键，将选中的面删除，效果如图5-53所示。

图 5-51   图 5-52   图 5-53

（17）在视图窗口中单击鼠标右键，在弹出的菜单中选择"挤压"命令，在"属性"面板中，勾选"创建封顶"复选框，设置"偏移"为-3cm，效果如图5-54所示。单击"边"按钮，切换为边模式。在视图窗口中单击鼠标右键，在弹出的菜单中选择"循环/路径切割"命令，在视图窗口中选择要切割的面，设置"偏移"为50%，效果如图5-55所示。在视图窗口中选择要切割的面，在"属性"面板中，设置"偏移"为98%，效果如图5-56所示。在视图窗口中选择要切割的面，在"属性"面板中，设置"偏移"为94%，效果如图5-57所示。

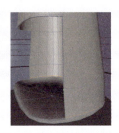

图 5-54   图 5-55   图 5-56   图 5-57

（18）按住Alt键的同时，选择"细分曲面"工具，在"机身"对象的上方生成一个"细分曲面"的父集对象，并将其重命名为"机身"。在"对象"面板中，选中"机身.1"对象，按住Alt键的同时，双击对象右侧的按钮，显示对象，如图5-58所示。

（19）单击"视窗独显"按钮，独显对象。单击"多边形"按钮，切换为多边形模式。在视图窗口中单击鼠标右键，在弹出的菜单中选择"挤压"命令，在"属性"面板中，勾选"创建封顶"复选框，设置"偏移"为-3cm，效果如图5-59所示。

（20）单击"边"按钮，切换为边模式。在视图窗口中单击鼠标右键，在弹出的菜单中选择"循环/路径切割"命令，在视图窗口中选择要切割的面，在"属性"面板中，设置"偏移"为50%，效果如图5-60所示。在视图窗口中选择要切割的面，在"属性"面板中，设置"偏移"为98%，效果如图5-61所示。在视图窗口中选择要切割的面，在"属性"面板中，设置"偏移"为95%，效果如图5-62所示。按住Alt键的同时，选择"细分曲面"工具，在"机身.1"对象的上方生成一个"细分曲面"的父集对象，并将其重命名为"抽盒"，如图5-63所示。单击"视窗独显"按钮，关闭独显对象。

（21）选择"圆柱体"工具，在"对象"面板中生成一个"圆柱体"对象。在"属性"面板的"对象"选项卡中，设置"半径"为15cm，"高度"为17cm，如图5-64所示。在"坐标"选项卡中，设置"P.X"为-99cm，"P.Y"为414cm，"P.Z"为53cm，如图5-65所示。

（22）选择"对称"工具 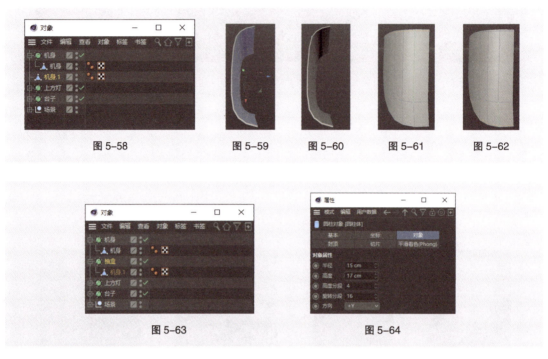，在"对象"面板中生成一个"对称"对象。将"圆柱体"对象拖入"对称"对象的下方。选择"对称"工具 ，在"对象"面板中生成一个"对称.1"对象，并将其重命名为"腿"，将"对称"对象拖入"腿"对象的下方，如图5-66所示。

图 5-58　　　　　图 5-59　　　　　图 5-60　　　　　图 5-61　　　　　图 5-62

图 5-63　　　　　　　　　　　　图 5-64

图 5-65　　　　　　　　　　　　图 5-66

（23）选中"腿"对象组，在"属性"面板的"对象"选项卡中，设置"镜像平面"为XY，如图5-67所示。在"坐标"选项卡中，设置"P.Z"为106cm，如图5-68所示，视图中的效果如图5-69所示。

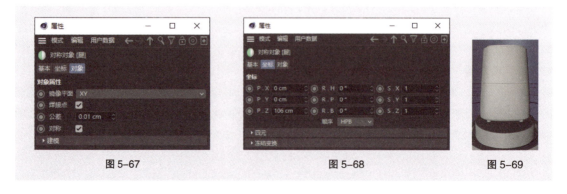

图 5-67　　　　　　　　　　图 5-68　　　　　　　　　图 5-69

（24）选择"圆柱体"工具 ，在"对象"面板中生成一个"圆柱体"对象。在"属性"面板的"对象"选项卡中，设置"半径"为11cm，"高度"为15cm，"旋转分段"为40，如图5-70所示。在"封顶"选项卡中，勾选"圆角"复选框，设置"半径"为1cm，如图5-71所示。在"坐标"选项卡中，设置"P.X"为-53cm，"P.Y"为839cm，"P.Z"为67cm，如图5-72所示。

（25）选择"齿轮"工具 ，在"对象"面板中生成一个"齿轮"对象。在"属性"面板的"齿"选项卡中，设置"附加半径"为15cm，如图5-73所示。在"嵌体"选项卡中，设置"半径"为1cm，如图5-74所示。在"坐标"选项卡中，设置"P.X"为-53cm，"P.Y"为846cm，"P.Z"为67cm，"R.P"为-90°，如图5-75所示。

图 5-70

图 5-71

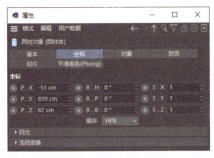

图 5-72

图 5-73

图 5-74

图 5-75

（26）按住Alt键的同时，选择"挤压"工具 ，在"齿轮"对象的上方生成一个"挤压"的父

集对象。在"属性"面板的"对象"选项卡中，设置"偏移"为14cm，如图5-76所示。按住Shift键的同时，单击"圆柱体"对象，按Alt+G组合键，将选中的对象编组，生成"空白"对象组。选择"对称"工具 ⬤，在"对象"面板中生成一个"对称"对象，并将其重命名为"转钮"。将"空白"对象组拖入"转钮"对象的下方，如图5-77所示，效果如图5-78所示。

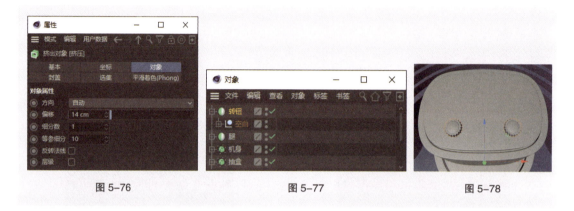

图 5-76　　　　　　　　图 5-77　　　　　　　　图 5-78

（27）选择"圆柱体"工具 ⬤，在"对象"面板中生成一个"圆柱体"对象，并将其重命名为"装饰"。在"属性"面板的"对象"选项卡中，设置"半径"为22cm，"高度"为2cm，"旋转分段"为40，如图5-79所示。在"封顶"选项卡中，勾选"圆角"复选框，设置"半径"为1cm，如图5-80所示。在"坐标"选项卡中，设置"P.X"为0cm，"P.Y"为747cm，"P.Z"为7cm，"R.P"为86°，如图5-81所示。

（28）选择"文件 → 合并项目"命令，在弹出的"打开文件"对话框中，选择"Ch05 → 设计家用电器手机端海报 → 素材 → 02.c4d"，单击"打开"按钮，打开文件，视图窗口中的效果如图5-82所示。在"对象"面板中，框选需要的对象组，如图5-83所示。按Alt+G组合键，群组对象组，并将其重命名为"产品"。

（29）选择"文件 → 合并项目"命令，在弹出的"打开文件"对话框中，选择"Ch05 → 设计家用电器手机端海报 → 素材 → 03.c4d"，单击"打开"按钮，打开文件，"对象"面板如图5-84所示。单击"摄像机"对象右侧的 按钮，进入摄像机视图，视图窗口中的效果如图5-85所示。在"对象"面板中，框选需要的对象组，按Alt+G组合键，群组对象组，并将其重命名为"家用电器手机端海报"，如图5-86所示。

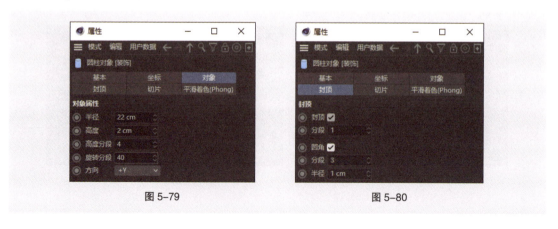

图 5-79　　　　　　　　　　　　　图 5-80

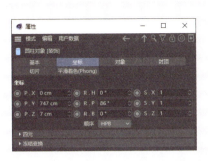
图 5-81

图 5-82

图 5-83

图 5-84

图 5-85

图 5-86

2. 灯光

（1）选择"区域光"工具，在"对象"面板中生成一个"灯光"对象，将"灯光"对象重命名为"主光源1"。

（2）在"属性"面板的"细节"选项卡中，设置"外部半径"为351cm，"水平尺寸"为702cm，"垂直尺寸"为271cm，如图5-87所示。在"可见"选项卡中，设置"外部距离"为1287cm，"采样属性"为64cm，如图5-88所示。在"坐标"选项卡中，设置"P.X"为0cm，"P.Y"为1215cm，"P.Z"为-285cm，设置"R.P"为-50°，如图5-89所示。

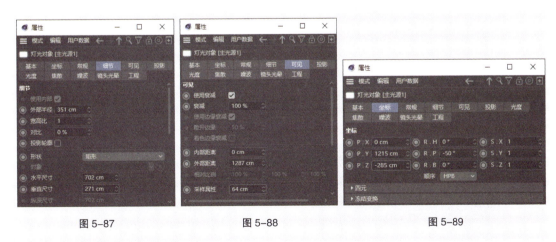
图 5-87   图 5-88   图 5-89

（3）选择"区域光"工具■，在"对象"面板中生成一个"灯光"对象，将"灯光"对象重命名为"辅光源1"，如图5-90所示。在"属性"面板的"常规"选项卡中，设置"强度"为60%，如图5-91所示。在"坐标"选项卡中，设置"P.X"为905cm，"P.Y"为905cm，"P.Z"为-253cm，设置"R.H"为62°，如图5-92所示。

（4）选择"区域光"工具■，在"对象"面板中生成一个"灯光"对象，将"灯光"对象重命名为"辅光源2"。在"属性"面板的"常规"选项卡中，设置"强度"为50%，如图5-93所示。在"坐标"选项卡中，设置"P.X"为765cm，"P.Y"为368cm，"P.Z"为-350cm，设置"R.H"为40°，如图5-94所示。

（5）在"对象"面板中，用框选的方法选中所有灯光对象，按Alt+G组合键，将其编组，并重命名为"灯光"，如图5-95所示。

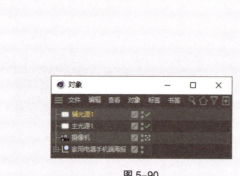

图 5-90

图 5-91

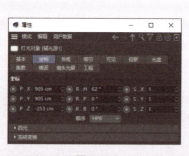

图 5-92

图 5-93

图 5-94

图 5-95

3. 材质

（1）在"材质"面板中双击，添加一个材质球，并将其命名为"台子"。在添加的材质球上双击，弹出"材质编辑器"对话框。在左侧列表中选择"颜色"选项，切换到相应的选项卡，设置"H"为214°，"S"为51%，"V"为44%，其他选项的设置如图5-96所示。

（2）在左侧列表中选择"反射"选项，切换到相应的选项卡，设置"类型"为"GGX"，"粗糙度"为35%，其他选项的设置如图5-97所示。单击"关闭"按钮，关闭对话框。在"对象"面板中展开"家用电器手机端海报 → 台子"和"家用电器手机端海报 → 上方灯"对象组，将"材质"面板中的"台子"材质拖曳到"对象"面板中的"台子"和"上方灯"对象上，如图5-98所示。

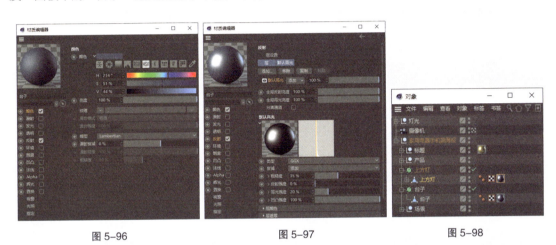

图 5-96　　　　　　　　　　图 5-97　　　　　　　　　　图 5-98

（3）在"材质"面板中选中"蓝色灯"材质球（见云盘/素材文件），按住Ctrl键的同时，按住鼠标左键并向左拖曳鼠标指针，鼠标指针变为 时，释放鼠标左键复制材质球，并将其重命名为"黄色灯"。在材质球上双击，弹出"材质编辑器"对话框。在左侧列表中选择"发光"选项，切换到相应的选项卡，设置"颜色"选项中的"H"为53°，"S"为7%，"V"为100%，其他选项的设置如图5-99所示。单击"关闭"按钮，关闭对话框。在"对象"面板中，取消"台子"和"上方灯"对象的"细分曲面"状态，如图5-100所示。

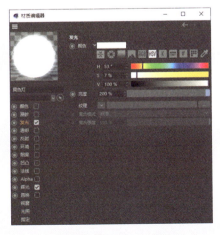

图 5-99

图 5-100

（4）选中"台子"对象，单击"多边形"按钮📦，切换为多边形模式。选择"选择 → 循环选择"命令，按住Ctrl键的同时，选中需要的面，如图5-101所示。在"材质"面板的"黄色灯"上单击鼠标右键，在弹出的菜单中选择"应用"命令，应用所选材质，效果如图5-102所示。

图 5-101

图 5-102

（5）在"对象"面板中，选中"上方灯"对象。选择"选择 → 循环选择"命令，按住Ctrl键的同时，选中需要的面，如图5-103所示。在"材质"面板的"黄色灯"上单击鼠标右键，在弹出的菜单中选择"应用"命令，应用所选材质。按住Ctrl键的同时，选中需要的面，如图5-104所示。在"材质"面板的"蓝色灯"上单击鼠标右键，在弹出的菜单中选择"应用"命令，应用所选材质。显示"台子"和"上方灯"对象的"细分曲面"状态，视图窗口中的效果如图5-105所示。

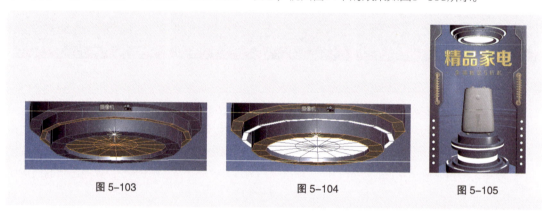

图 5-103　　　　　图 5-104　　　　　图 5-105

（6）在"材质"面板中双击，添加一个材质球，并将其命名为"腿"。在添加的材质球上双击，弹出"材质编辑器"对话框。在左侧列表中选择"颜色"选项，切换到相应的选项卡，设置"H"为214°，"S"为0%，"V"为25%，其他选项的设置如图5-106所示。

（7）在左侧列表中选择"反射"选项，切换到相应的选项卡，设置"宽度"为24%，"高光强度"为67%，其他选项的设置如图5-107所示。单击"关闭"按钮，关闭对话框。在"对象"面板中展开"家用电器手机端海报 → 产品"对象组，将"材质"面板中的"腿"材质拖曳到"对象"面板中的"腿"对象上。

（8）将"材质"面板中的"金属装饰"材质拖曳到"对象"面板中的"转钮"对象上，将"产品"材质拖曳到"对象"面板中的"抽盒""机身"和"把手"对象组中的"立方体"对象上，将"前挡板"材质拖曳到"对象"面板中的"装饰"对象上，视图窗口中的效果如图5-108所示。折叠"家用电器手机端海报"对象组。

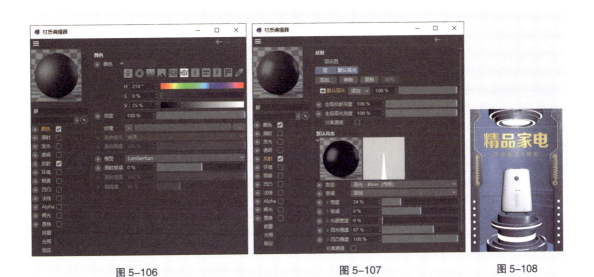

| 图 5-106 | 图 5-107 | 图 5-108 |

4. 渲染

（1）选择"物理天空"工具![图标]，在"对象"面板中生成一个"物理天空"对象，如图5-109所示。在"属性"面板的"太阳"选项卡中，设置"强度"为50%，展开"投影"选项，设置"类型"为无，如图5-110所示。

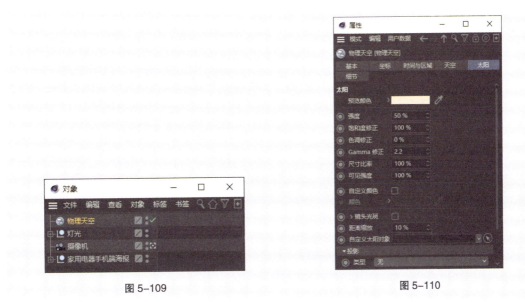

| 图 5-109 | 图 5-110 |

（2）单击"编辑渲染设置"按钮![图标]，弹出"渲染设置"对话框，设置"渲染器"为"物理"，在左侧列表中选择"保存"选项，切换到相应的选项卡，设置"格式"为"PNG"，如图5-111所示。在左侧列表中选择"物理"选项，切换到相应的选项卡，设置"采样品质"为"中"，如图5-112所示。

图 5-111   图 5-112

（3）单击"效果"按钮，在弹出的列表中选择"全局光照"，在对话框左侧列表中添加"全局光照"选项，设置"预设"为内部-高(小光源)，"采样"为中，如图5-113所示。单击"效果"按钮，在弹出的列表中选择"环境吸收"，在对话框左侧列表中添加"环境吸收"选项。单击"效果"按钮，在弹出的列表中选择"对象辉光"，在对话框左侧列表中添加"对象辉光"选项，如图5-114所示。

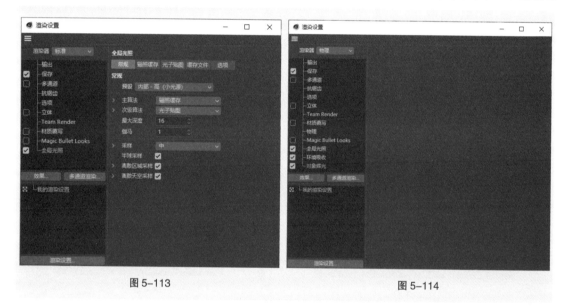

图 5-113   图 5-114

（4）单击"渲染到图像查看器"按钮，弹出"图像查看器"对话框，如图5-115所示。渲染完成后，单击对话框中的"将图像另存为"按钮，弹出"保存"对话框，如图5-116所示。

（5）单击"保存"对话框中的"确定"按钮，弹出"保存对话"对话框，在对话框中选择文件保存的位置，并在"文件名"文本框中输入文件名，设置完成后，单击"保存"按钮，保存图像文件，效果如图5-117所示。在Photoshop中，根据需要对画面进行调色，提升海报的商业价值，效果如图5-118所示。

图 5-115   图 5-116

图 5-117   图 5-118

5．调色

（1）启动Photoshop软件。按Ctrl+O组合键，弹出"打开文件"对话框，选择云盘中的"Ch05 → 5.3.4课堂案例——设计家用电器手机端海报 → 渲染效果图"文件，单击"打开"按钮，打开文件。按Ctrl+J组合键，复制图层。选择"滤镜 → Camera Raw滤镜"命令，弹出"Camera Raw14.5"对话框，选项的设置如图5-119所示。单击"确定"按钮，效果如图5-120所示。

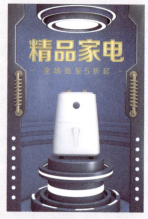

图 5-119

图 5-120

（2）选择"文件 → 导出 → 存储为Web所用格式(旧版)"命令，在弹出的对话框中进行设置，单击"存储"按钮，导出效果图。家用电器手机端海报设计完成。

5.4 课堂练习——设计丹东草莓手机端海报

【练习知识要点】使用Photoshop的绘图工具、文字工具设计丹东草莓手机端海报，最终效果如图5-121所示。

【效果文件位置】云盘/Cho5/5.4课堂练习——设计丹东草莓手机端海报/工程文件.psd。

设计丹东草莓
手机端海报

图 5-121

5.5 课后习题——设计美味茶饮手机端海报

【习题知识要点】使用Cinema 4D 的平面工具、造型工具、材质工具及渲染工具和Photoshop的绘图工具、文字工具设计美味茶饮手机端海报，最终效果如图5-122所示。

【效果文件位置】云盘/Ch05/5.5课后习题——设计美味茶饮手机端海报/工程文件.c4d，云盘/Cho5/5.5课后习题——设计美味茶饮手机端海报/工程文件.psd。

（a）渲染效果图　　　　　（b）设计效果图

图 5-122

设计美味茶饮手机端海报 1　设计美味茶饮手机端海报 2　设计美味茶饮手机端海报 3　设计美味茶饮手机端海报 4　设计美味茶饮手机端海报 5　设计美味茶饮手机端海报 6　设计美味茶饮手机端海报 7

第6章
商品详情页设计

第6章简介

▶ **本章介绍**

　　商品详情页设计是电商视觉设计任务中的综合型工作任务，精心设计的商品详情页能够提升消费者对商品的购买欲望。本章针对商品详情页的基本概念和设计规则等基础知识进行系统讲解，并针对流行风格与典型行业的商品详情页进行设计演练。通过学习本章，学生可以了解商品详情页的设计思路，掌握其制作方法。

▶ **学习引导**

知识目标

● 了解商品详情页的基本概念

● 明确商品详情页的设计规则

素养目标

● 培养商业设计思维

● 提高卖点提炼能力

能力目标

● 熟悉商品详情页的设计思路

● 掌握商品详情页的制作方法

6.1 商品详情页概述

商品详情页具有展现商品内容、达成商品转化的功能和作用。

商品详情页的核心部分通常由商品焦点图、卖点提炼、商品展示、细节展示、商品信息和其他模块构成，如图6-1所示。

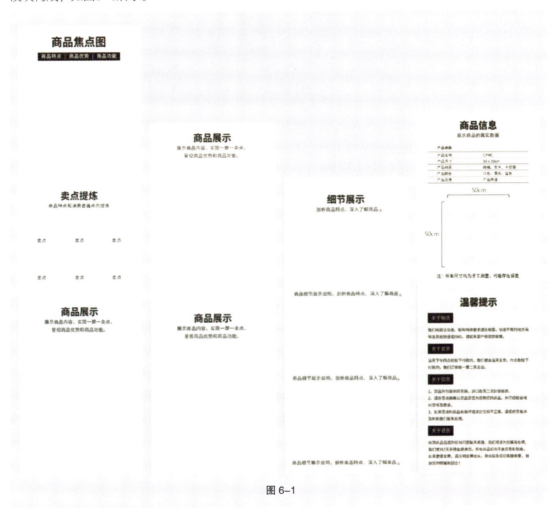

图 6-1

6.2 商品焦点图设计

商品焦点图通常位于商品基础信息下方，是商品详情页中引人注目的部分，同时商品焦点图设计也是商品详情页设计的重点。

6.2.1 商品焦点图的基本概念

商品焦点图即商品详情页中的商品Banner，类似于店铺首页的轮播海报，如图6-2所示，主要用于令商品详情页中的商品更加吸引消费者，更好地展示商品优势。

图 6-2

6.2.2　商品焦点图的设计规则

商品焦点图可以根据适配平台和尺寸分为两类，一类是适配平台以淘宝为代表的，宽度为750px的商品焦点图；另一类是适配平台以京东和天猫为代表的，宽度为790px的商品焦点图。两者高度不限，通常建议为950px。这两类商品焦点图的主标题字号建议为60～70px，副标题字号建议为40～50px，文字叙述字号建议为25～30px。

6.2.3　课堂案例——设计实木沙发商品焦点图

【案例学习目标】学习使用Photoshop的绘图工具、文字工具设计实木沙发商品焦点图。

【案例知识要点】使用"置入嵌入对象"命令置入图片，使用"横排文字"工具添加文字，使用"矩形"工具绘制基本图形，使用"创建新的填充或调整图层"按钮为图像校色。

【效果文件位置】云盘/Ch06/6.2.3课堂案例——设计实木沙发商品焦点图/工程文件.psd，如图6-3所示。

图 6-3

（1）打开Photoshop，按Ctrl+N组合键，弹出"新建文档"对话框，设置"宽度"为790px，"高度"为1500px，"分辨率"为72px/in，"颜色模式"为RGB颜色，"背景内容"为白色，单击"创建"按钮，新建一个文件。

（2）选择"矩形"工具 □.，在属性栏的"选择工具模式"选项中选择"图形"，将"填充"颜色设置为黑色，"描边"颜色设置为无。在图像窗口中适当的位置绘制矩形，在"图层"控制面板中生成新的图形图层"矩形1"。选择"窗口 → 属性"命令，弹出"属性"面板，在面板中进行设置，如图6-4所示，效果如图6-5所示。

（3）按Ctrl+R组合键，显示标尺。选择"视图 → 对齐到 → 全部"命令。在图像窗口左侧标尺上按住鼠标左键并水平向右拖曳鼠标指针，拖曳到矩形左侧锚点的位置释放鼠标左键，完成参考线的创建。使用相同的方法，在矩形右侧锚点和中心点的位置分别创建参考线，效果如图6-6所示。在"图层"控制面板中选中"矩形 1"图层，按Delete键将其删除。

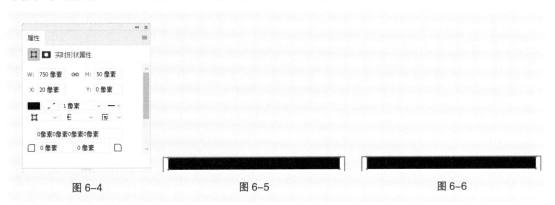

图6-4   图6-5   图6-6

（4）选择"矩形"工具 □.，在属性栏中，将"填充"颜色设置为浅灰色（225、222、217），"描边"颜色设置为无。在图像窗口中绘制一个与页面大小相等的矩形，如图6-7所示，在"图层"控制面板中生成新的图形图层"矩形1"。

（5）选择"文件 → 置入嵌入对象"命令，弹出"置入嵌入的对象"对话框，选择云盘中的"Ch06 → 6.2.3课堂案例——设计实木沙发商品焦点图 → 素材 → 01"文件，单击"置入"按钮，将图片置入图像窗口中。将"01"图片拖曳到适当的位置，按Enter键确定操作，在"图层"控制面板中生成新的图层并将其命名为"沙发1"，按Alt+Ctrl+G组合键，为图层创建剪贴蒙版，效果如图6-8所示。

（6）单击"图层"控制面板下方的"创建新的填充或调整图层"按钮 ●.，在弹出的菜单中选择"亮度/对比度"命令，在"图层"控制面板中生成"亮度/对比度 1"图层，同时弹出"属性"面板，打开"亮度/对比度"选项卡，单击"此调整影响下面的所有图层"按钮 ⬓ 使其转换为"此调整剪切到此图层"按钮 ⬓，其他选项的设置如图6-9所示。按Enter键确定操作，效果如图6-10所示。

（7）选择"横排文字"工具 T.，在适当的位置输入需要的文字并选取文字。选择"窗口 → 字符"命令，打开"字符"面板，将"颜色"设置为深灰色（54、54、54），并设置合适的字体和字号，效果如图6-11所示，在"图层"控制面板中生成新的文字图层。

（8）使用上述方法分别绘制图形、输入文字并置入图标，效果如图6-12所示，在"图层"控制面板中分别生成新的图层。

（9）按住Shift键的同时，单击"矩形1"图层，将需要的图层同时选取。按Ctrl+G组合键，群组图层并将其命名为"商品焦点图"，如图6-13所示。实木沙发商品焦点图设计完成。

图 6-7　　　　　　　图 6-8　　　　　　　图 6-9

图 6-10　　　　　　　　　图 6-11

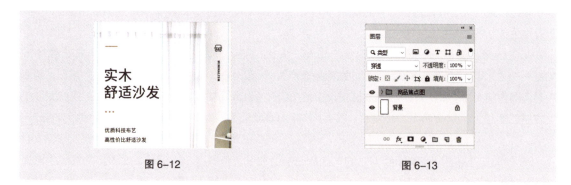

图 6-12　　　　　　　　　图 6-13

6.3　卖点提炼模块设计

卖点提炼模块通常位于商品焦点图下方或直接融入商品焦点图中，它可以让消费者快速了解商品的与众不同之处。

6.3.1　卖点提炼的基本概念

卖点提炼即对商品特点和消费者痛点的提炼，如图6-14所示，主要用于向消费者展示商品的独特之处，令其产生购买欲望。

图 6-14

6.3.2 卖点提炼模块的设计规则

卖点提炼模块中的文本应简短且具有说服力，建议将其字号设置为30～40px，字体设置为黑体，卖点提炼模块中的图标应醒目且和卖点呼应。

6.3.3 课堂案例——设计实木沙发卖点提炼模块

【案例学习目标】学习使用Photoshop的绘图工具、文字工具设计实木沙发卖点提炼模块。

【案例知识要点】使用"新建参考线"命令创建参考线，使用"置入嵌入对象"命令置入图片，使用"横排文字"工具添加文字，使用"矩形"工具、"直线"工具绘制基本图形，使用"创建新的填充或调整图层"按钮为图像校色。

【效果文件位置】云盘/Ch06/6.3.3课堂案例——设计实木沙发卖点提炼模块/工程文件.psd，如图6-15所示。

图 6-15

（1）打开Photoshop，按Ctrl+N组合键，弹出"新建文档"对话框，设置"宽度"为790px，"高度"为1066px，"分辨率"为72px/in，"颜色模式"为RGB颜色，"背景内容"为白色，单击"创建"按钮，新建一个文件。

（2）使用上述方法，分别新建距离页面左侧20px、在页面居中及距离页面右侧20px的3条垂直参考线。

（3）选择"矩形"工具 □，在属性栏的"选择工具模式"选项中选择"图形"，将"填充"颜色设置为浅灰色（241、241、241），"描边"颜色设置为无。在图像窗口中绘制一个与页面大小相等的矩形，如图6-16所示，在"图层"控制面板中生成新的图形图层"矩形1"。

（4）选择"视图 → 新建参考线"命令，弹出"新建参考线"对话框，在120px的位置创建水平参考线，设置如图6-17所示。单击"确定"按钮，完成参考线的创建。使用相同的方法，在186px的位置再创建一条水平参考线。

（5）选择"横排文字"工具 **T.**，在适当的位置输入需要的文字并选取文字。选择"窗口 → 字符"命令，打开"字符"面板，将"颜色"设置为深灰色（54、54、54），并设置合适的字体和字号，效果如图6-18所示。使用相同的方法分别新建参考线并输入文字，效果如图6-19所示，在"图层"控制面板中分别生成新的文字图层。

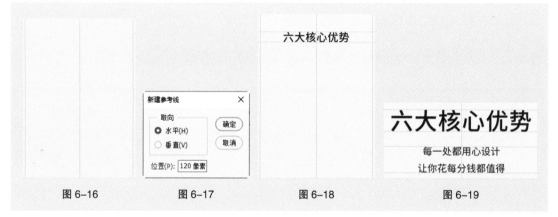

图 6-16　　　　图 6-17　　　　图 6-18　　　　图 6-19

（6）使用上述方法分别新建两条水平参考线。选择"矩形"工具 □，在属性栏中将"填充"颜色设置为浅棕色（193、155、116），"描边"颜色设置为无。在图像窗口中绘制一个矩形，如图6-20所示，在"图层"控制面板中生成新的图形图层"矩形2"。

（7）选择"直接选择"工具 ▷，用框选的方法选取需要的锚点，如图6-21所示。按住Shift键的同时，将锚点向右拖曳到适当的位置，如图6-22所示。选择"路径选择"工具 ▷，选取图形，按住Alt+Shift组合键的同时，向右拖曳图形以复制图形。使用相同的方法再复制一个图形，如图6-23所示。

（8）使用上述方法分别新建两条水平参考线。选择"文件 → 置入嵌入对象"命令，弹出"置入嵌入的对象"对话框，选择云盘中的"Ch06 → 6.3.3课堂案例——设计实木沙发卖点提炼模块 → 素材 → 01"文件，单击"置入"按钮，将图片置入图像窗口中，并将其拖曳到适当的位置，按Enter键确定操作，如图6-24所示。在"图层"控制面板中生成新的图层并将其命名为"实木"。

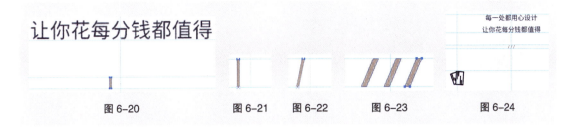

图 6-20　　　　　　图 6-21　　图 6-22　　图 6-23　　　　图 6-24

（9）单击"图层"控制面板下方的"添加图层样式"按钮 *fx.*，在弹出的菜单中选择"颜色叠加"命令，弹出对话框，设置"叠加"颜色为浅棕色（193、155、116），其他选项的设置如图6-25所示。单击"确定"按钮，效果如图6-26所示。使用上述的方法分别输入文字、新建参考线、置入图标并添加颜色叠加效果，效果如图6-27所示，在"图层"控制面板中分别生成新的图层。

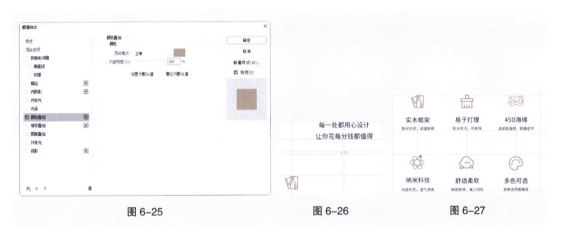

图 6-25　　　　　　　　　图 6-26　　　　　　图 6-27

（10）选择"直线"工具 /.，在属性栏中将"填充"颜色设置为无，"描边"颜色设置为淡棕色（197、180、164），"粗细"选项设置为2px。按住Shift键的同时，在适当的位置绘制竖线，如图6-28所示，在"图层"控制面板中生成新的图形图层"图形1"。

（11）选择"移动"工具 ⊕.，按住Alt+Shift组合键的同时，分别拖曳竖线到适当的位置以复制竖线，如图6-29所示，在"图层"控制面板中分别生成新的图形图层。

（12）按住Shift键的同时，单击"矩形1"图层，将需要的图层同时选取。按Ctrl+G组合键，群组图层并将其命名为"卖点提炼"，如图6-30所示。实木沙发卖点提炼模块设计完成。

图 6-28　　　　　　　　图 6-29　　　　　　图 6-30

6.4 商品展示模块设计

商品展示模块通常位于卖点提炼模块的下方，它结合了商品焦点图和卖点提炼模块的特点，会从不同的角度和特点进一步展现商品优势。

6.4.1 商品展示的基本概念

商品展示即展示商品的内容，通常一屏一卖点，进一步实现展示商品优势、呈现商品功能的作用，如图6-31所示。

图 6-31

6.4.2 商品展示模块的设计规则

商品展示模块的设计规则与商品焦点图的设计规则类似。需要注意的是，因为商品展示模块通常包括3~5张图片，所以各图片中商品的角度和背景既要有统一性又要有一定的区别，以免给消费者带来视觉疲劳。

6.4.3 课堂案例——设计实木沙发商品展示模块

【案例学习目标】学习使用Photoshop的绘图工具、文字工具设计实木沙发商品展示模块。

【案例知识要点】使用"新建参考线"命令创建参考线，使用"置入嵌入对象"命令置入图片，使用"横排文字"工具添加文字，使用"矩形"工具、"椭圆"工具、"钢笔"工具绘制基本图形，使用"创建剪贴蒙版"快捷键实现实木沙发商品展示模块。

【效果文件位置】云盘/Ch06/6.4.3课堂案例——设计实木沙发商品展示模块/工程文件.psd，如图6-32所示。

松软公仔棉

设计实木沙发
商品展示模块

图 6-32

（1）打开Photoshop，按Ctrl+N组合键，弹出"新建文档"对话框，设置"宽度"为790px，"高度"为6214px，"分辨率"为72px/in，"颜色模式"为RGB颜色，"背景内容"为白色，单击"创建"按钮，新建一个文件。

（2）使用上述方法，分别新建距离页面左侧20px、在页面居中及距离页面右侧20px的3条垂直参考线。选择"视图 → 新建参考线"命令，弹出"新建参考线"对话框，在1500px的位置创建水平参考线，设置如图6-33所示。单击"确定"按钮，完成参考线的创建。

（3）选择"矩形"工具 □，在属性栏的"选择工具模式"选项中选择"图形"，将"填充"颜色设为浅灰色（241、241、241），"描边"颜色设置为无。在图像窗口中绘制一个矩形，如图6-34所示，在"图层"控制面板中生成新的图形图层"矩形1"。

（4）选择"文件 → 置入嵌入对象"命令，弹出"置入嵌入的对象"对话框。选择云盘中的"Ch06 → 6.4.3课堂案例——设计实木沙发商品展示模块 → 素材 → 01"文件，单击"置入"按钮，将图片置入图像窗口中。将其拖曳到适当的位置并调整大小，按Enter键确定操作，在"图层"控制面板中生成新的图层并将其命名为"沙发"。按Alt+Ctrl+G组合键，为图层创建剪贴蒙版，效果如图6-35所示。

（5）单击"图层"控制面板下方的"创建新的填充或调整图层"按钮 ◑，在弹出的菜单中选择"亮度/对比度"命令，在"图层"控制面板中生成"亮度/对比度 1"图层，同时弹出"属性"面板，打开"亮度/对比度"选项卡，单击"此调整影响下面的所有图层"按钮 ↴，使其转换为"此调整剪切到此图层"按钮 ↴，其他选项设置如图6-36所示。按Enter键确定操作，效果如图6-37所示。

图 6-33   图 6-34   图 6-35   图 6-36   图 6-37

（6）使用上述方法新建一条水平参考线，选择"横排文字"工具 T.，在适当的位置输入需要的文字并选取文字。选择"窗口 → 字符"命令，打开"字符"面板，将"颜色"设置为深灰色（54、54、54），并设置合适的字体和字号，效果如图6-38所示，在"图层"控制面板中生成新的文字图层。使用上述方法，分别创建参考线、输入文字并绘制图形，效果如图6-39所示，在"图层"控制面板中分别生成新的图层。

（7）选择"钢笔"工具 ∅.，在属性栏中将"填充"颜色设置为深棕色（193、155、116），"描边"颜色设置为无。在图像窗口中适当的位置绘制图形，按Enter键确定操作，效果如图6-40所示。按Ctrl+J组合键，复制图形，选择"移动"工具 ⊕.，将复制的图形拖曳到适当的位置，并调整其大小和角度，效果如图6-41所示。在"图层"控制面板中生成新的图形图层"图形1"和"图形1 拷贝"。

图 6-38　　　　　　　图 6-39　　　　　　　图 6-40　　　　　　　图 6-41

（8）选择"椭圆"工具 ○.，按住Shift键的同时，在图像窗口中绘制一个圆形，在属性栏中将"填充"颜色设置为深棕色（193、155、116），"描边"颜色设置为无，在"图层"控制面板中生成新的图形图层"椭圆1"。

（9）单击"图层"控制面板下方的"添加图层样式"按钮 fx.，在弹出的菜单中选择"描边"命令，弹出对话框，设置"描边"颜色为白色，其他选项的设置如图6-42所示。单击"确定"按钮，效果如图6-43所示。

（10）使用上述方法，分别绘制图形并输入文字，制作出图6-44所示的效果，在"图层"控制面板中分别生成新的图层。按住Shift键的同时，单击"矩形1"图层，将需要的图层同时选取。按Ctrl+G组合键，群组图层并将其命名为"商品材质"。

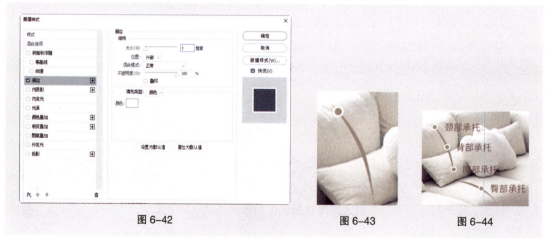

图 6-42　　　　　　　图 6-43　　　　　　　图 6-44

（11）使用上述方法，分别制作出图6-45～图6-47所示的效果，在"图层"控制面板中生成新的图层组"商品细节""商品框架"和"场景展示"。

（12）按住Shift键的同时，单击"商品材质"图层组，将需要的图层组同时选取。按Ctrl+G组合键，群组图层组并将其命名为"商品展示"，如图6-48所示。实木沙发商品展示模块设计完成。

图 6-45   图 6-46   图 6-47   图 6-48

6.5 细节展示模块设计

细节展示模块通常位于卖点提炼模块或商品展示模块下方，它是可以让消费者深入了解商品的重要模块。

6.5.1 细节展示的基本概念

细节展示即商品的细节放大图，它将商品细节进行最大限度的展示，可以使消费者更加信任商品，如图6-49所示。

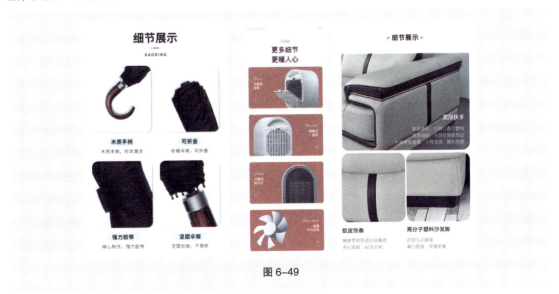

图 6-49

6.5.2　细节展示模块的设计规则

　　细节展示模块在设计时不宜设计得太复杂，整体应呈现简洁的效果。如果商品带有背景，建议将背景设计为浅色，可以保证较好地展示商品细节。

6.5.3　课堂案例——设计实木沙发细节展示模块

【案例学习目标】学习使用Photoshop的绘图工具、文字工具设计实木沙发细节展示模块。

【案例知识要点】使用"新建参考线"命令创建参考线，使用"置入嵌入对象"命令置入图片，使用"横排文字"工具添加文字，使用"矩形"工具、"圆角矩形"工具绘制基本图形，使用"创建新的填充或调整图层"按钮为图像校色，使用"创建剪贴蒙版"快捷键实现实木沙发细节展示模块。

【效果文件位置】云盘/Ch06/6.5.3课堂案例——设计实木沙发细节展示模块/工程文件.psd，如图6-50所示。

图 6-50

　　（1）打开Phothshop，按Ctrl+N组合键，弹出"新建文档"对话框，设置"宽度"为790px，"高度"为2428px，"分辨率"为72px/in，"颜色模式"为RGB颜色，"背景内容"为白色，单击"创建"按钮，新建一个文件。

　　（2）使用上述方法，分别新建距离页面左侧20px、在页面居中及距离页面右侧20px的3条垂直参考线。选择"视图 → 新建参考线"命令，弹出"新建参考线"对话框，在910px的位置创建水平参考线，设置如图6-51所示。单击"确定"按钮，完成参考线的创建。

　　（3）选择"矩形"工具 □，在属性栏的"选择工具模式"选项中选择"图形"，将"填充"颜色设置为浅灰色（241、241、241），"描边"颜色设置为无。在图像窗口中绘制一个矩形，如图6-52所示，在"图层"控制面板中生成新的图形图层"矩形1"。

　　（4）选择"圆角矩形"工具 □，在图像窗口中绘制一个圆角矩形，在属性面板中将"填充"颜色设置为白色，"描边"颜色设置为无，"半径"选项设置为6px，效果如图6-53所示，在"图层"

控制面板中生成新的图形图层"圆角矩形1"。

（5）选择"文件 → 置入嵌入对象"命令，弹出"置入嵌入的对象"对话框。选择云盘中的"Ch06 → 6.5.3课堂案例——设计实木沙发细节展示模块 → 素材 → 01"文件，单击"置入"按钮，将图片置入图像窗口中。将其拖曳到适当的位置并调整大小，按Enter键确定操作，在"图层"控制面板中生成新的图层并将其命名为"布料"。按Alt+Ctrl+G组合键，为图层创建剪贴蒙版，效果如图6-54所示。

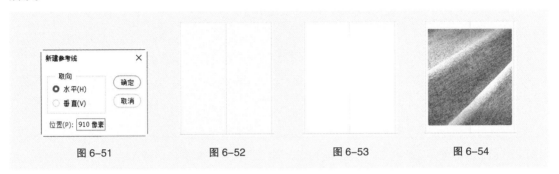

图 6-51 　　　　　 图 6-52 　　　　　 图 6-53 　　　　　 图 6-54

（6）单击"图层"控制面板下方的"创建新的填充或调整图层"按钮 ❂，在弹出的菜单中选择"色彩平衡"命令，在"图层"控制面板中生成"色彩平衡 1"图层，同时弹出"属性"面板，打开"色彩平衡"选项卡。单击"此调整影响下面的所有图层"按钮 ⇦，使其转换为"此调整剪切到此图层"按钮 ⇦，其他选项设置如图6-55所示，按Enter键确定操作。单击"图层"控制面板下方的"创建新的填充或调整图层"按钮 ❂，在弹出的菜单中选择"亮度/对比度"命令，在"图层"控制面板中生成"亮度/对比度 1"图层，同时弹出"属性"面板。打开"亮度/对比度"选项卡，单击"此调整影响下面的所有图层"按钮 ⇦，使其转换为"此调整剪切到此图层"按钮 ⇦，其他选项设置如图6-56所示。按Enter键确定操作，效果如图6-57所示。

（7）选择"横排文字"工具 T.，在适当的位置输入需要的文字并选取文字。选择"窗口 → 字符"命令，打开"字符"面板，将"颜色"设置为深灰色（54、54、54），并分别设置合适的字体和字号，效果如图6-58所示，在"图层"控制面板中分别生成新的文字图层。

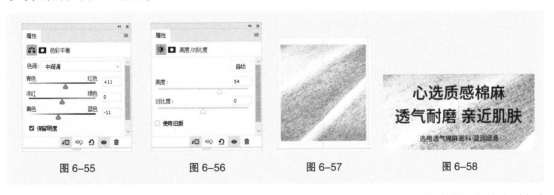

图 6-55 　　　　　 图 6-56 　　　　　 图 6-57 　　　　　 图 6-58

（8）使用上述方法分别绘制图形并输入文字，效果如图6-59所示，在"图层"控制面板中分别生成新的图层。使用上述方法置入"02"图像，在"图层"控制面板中生成新的图层并将其命名为"透气"。

（9）单击"图层"控制面板下方的"添加图层样式"按钮 fx.，在弹出的菜单中选择"颜色叠加"命令，弹出对话框，设置"叠加"颜色为深灰色（54、54、54），其他选项的设置如图6-60所示。单击"确定"按钮，效果如图6-61所示。

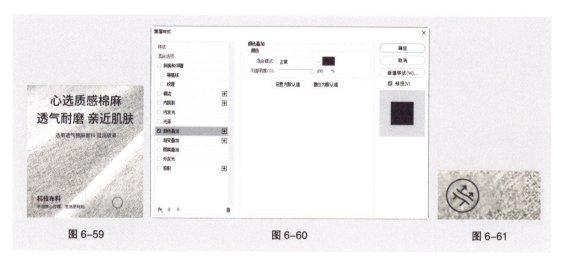

图 6-59   图 6-60   图 6-61

（10）使用相同的方法再次绘制图形并置入图标，制作出图6-62所示的效果，在"图层"控制面板中分别生成新的图层。按住Shift键的同时，单击"矩形1"图层，将需要的图层同时选取。按Ctrl+G组合键，群组图层并将其命名为"商品面料"。

（11）使用上述方法，制作出图6-63所示的效果，在"图层"控制面板中生成新的图层组"商品用材"，如图6-64所示。按住Shift键的同时，单击"商品面料"图层组，将需要的图层组同时选取。按Ctrl+G组合键，群组图层并将其命名为"细节展示"，如图6-65所示。实木沙发细节展示模块设计完成。

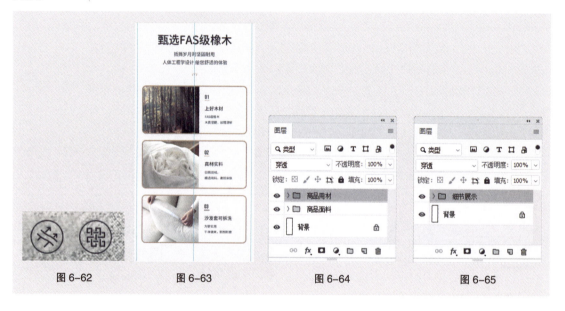

图 6-62   图 6-63   图 6-64   图 6-65

6.6 商品信息模块设计

商品信息模块通常位于卖点提炼模块或细节展示模块下方，是可以让消费者了解商品真实尺寸的重要模块。

6.6.1 商品信息的基本概念

商品信息即商品的真实数据。设计师需要将商品的尺寸、颜色等内容充分展示给消费者，帮助消费者了解商品，如图6-66所示。

图 6-66

6.6.2 商品信息模块的设计规则

商品信息模块在设计时需要将大量的数据归类整理，并将数据以图表的形式表现，令消费者可以直观地了解商品信息。

6.6.3 课堂案例——设计实木沙发商品信息模块

【案例学习目标】学习使用Photoshop的绘图工具、文字工具设计实木沙发商品信息模块。

【案例知识要点】使用"新建参考线"命令创建参考线，使用"置入嵌入对象"命令置入图片，使用"横排文字"工具添加文字，使用"矩形"工具、"圆角矩形"工具、"直线"工具绘制基本图形。

【效果文件位置】云盘/Ch06/6.6.3课堂案例——设计实木沙发商品信息模块/工程文件.psd，如图6-67所示。

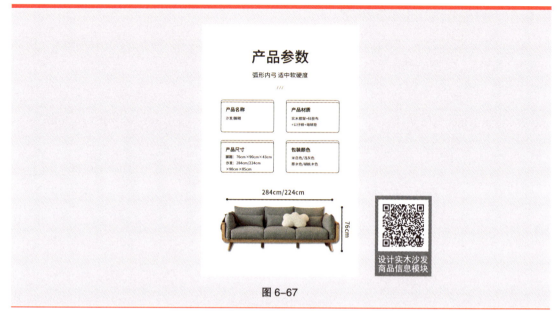

图 6-67

（1）打开Photoshop，按Ctrl+N组合键，弹出"新建文档"对话框，设置"宽度"为790px，"高度"为1234px，"分辨率"为72px/in，"颜色模式"为RGB颜色，"背景内容"为白色，单击"创建"按钮，新建一个文件。

（2）使用上述方法，分别新建距离页面左侧20px、在页面居中及距离页面右侧20px的3条垂直参考线。

（3）选择"矩形"工具 ▢.，在属性栏的"选择工具模式"选项中选择"图形"，将"填充"颜色设置为白色，"描边"颜色设置为无。在图像窗口中绘制一个与页面大小相等的矩形，在"图层"控制面板中生成新的图形图层"矩形1"。

（4）选择"视图 → 新建参考线"命令，弹出"新建参考线"对话框，在124px的位置创建水平参考线，设置如图6-68所示。单击"确定"按钮，完成参考线的创建。使用相同的方法，在262px的位置再新建一条水平参考线。

（5）选择"横排文字"工具 T.，在适当的位置分别输入需要的文字并选取文字。选择"窗口 → 字符"命令，打开"字符"面板，将"颜色"设置为深灰色（54、54、54），并设置合适的字体和字号，效果如图6-69所示，在"图层"控制面板中分别生成新的文字图层。使用上述方法，分别创建参考线并绘制图形，效果如图6-70所示，在"图层"控制面板中生成新的图形图层。

图 6-68   图 6-69   图 6-70

（6）使用上述方法，新建两条水平参考线。选择"圆角矩形"工具 ▢.，在图像窗口中绘制一个圆角矩形，在属性栏中将"填充"颜色设置为无，"描边"颜色设置为黑色，"半径"选项设置为

10px，效果如图6-71所示，在"图层"控制面板中生成新的图形图层"圆角矩形1"。

（7）按Ctrl+J组合键，复制图层，在"图层"控制面板中生成新的图形图层"圆角矩形1 拷贝"。选择"移动"工具 ✛.，按Ctrl+T组合键，调整图形大小，效果如图6-72所示。选择"横排文字"工具 T.，在适当的位置分别输入需要的文字并选取文字。在"字符"面板中，将"颜色"设置为深灰色（29、29、29）和中灰色（72、72、72），并设置合适的字体和字号，效果如图6-73所示，在"图层"控制面板中分别生成新的文字图层。

（8）使用上述方法，分别绘制图形并输入文字，效果如图6-74所示，在"图层"控制面板中分别生成新的图层。

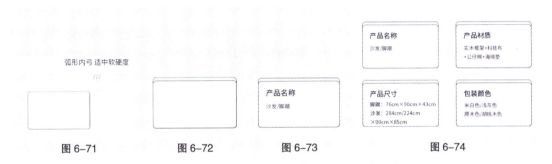

图 6-71   图 6-72   图 6-73   图 6-74

（9）使用上述方法，新建两条水平参考线。选择"文件 → 置入嵌入对象"命令，弹出"置入嵌入的对象"对话框。选择云盘中的"Ch06 → 6.6.3课堂案例——设计实木沙发商品信息模块 → 素材 → 01"文件，单击"置入"按钮，将图片置入图像窗口中。将"01"图片拖曳到适当的位置并调整大小，按Enter键确定操作，在"图层"控制面板中生成新的图层并将其命名为"沙发"。

（10）单击"图层"控制面板下方的"添加图层样式"按钮 *fx.*，在弹出的菜单中选择"投影"命令，弹出对话框，设置"投影"颜色为黑色，其他选项的设置如图6-75所示。单击"确定"按钮，效果如图6-76所示。

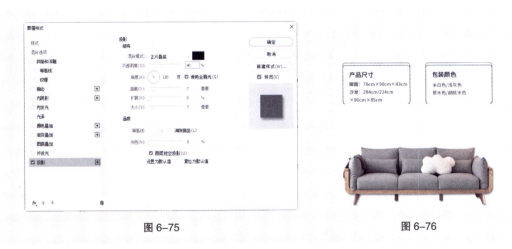

图 6-75   图 6-76

（11）选择"直线"工具 ⁄.，在属性栏中将"填充"颜色设置为无，"描边"颜色设置为深灰色（54、54、54），"粗细"选项设置为4px。按住Shift键的同时，在适当的位置绘制直线，在"图层"控制面板中生成新的图形图层"图形 1"。选择"椭圆"工具 ○.，按住Shift键的同时，在图像窗口中绘制一个圆形，在属性栏中将"填充"颜色设置为深灰色（54、54、54），"描边"颜色设置为无，效果如图6-77所示，在"图层"控制面板中生成新的图形图层"椭圆1"。

（12）使用上述方法分别绘制图形并输入文字，效果如图6-78所示，在"图层"控制面板中分别生成新的图层。

（13）按住Shift键的同时，单击"矩形1"图层，将需要的图层同时选取。按Ctrl+G组合键，群组图层并将其命名为"商品信息"，如图6-79所示。实木沙发商品信息模块设计完成。

图 6-77　　　　　　　　图 6-78　　　　　　　　图 6-79

6.7　其他模块设计

需要设计师重点设计的内容除了以上几个模块，还包括质量保证、品牌实力和快递售后等其他模块。这些模块通常位于商品详情页底部，在商品详情页的最后部分肩负促成购买的任务。

6.7.1　其他模块的基本概念

"质量保证"即展示商品的相关证书，起到承诺商品质量、增强消费者信赖度的作用；"品牌实力"即展示所在店铺的相关品牌故事，起到提升品牌气势、加深消费者记忆的作用；"快递售后"有时又称为"买家须知"，包括快递服务、退换流程、售后承诺等相关内容，起到优化消费者购买商品的体验、提高消费者满意度的作用，如图6-80所示。

图 6-80

6.7.2　其他模块的设计规则

　　其他模块由于处于整个商品详情页接近尾部的位置，消费者观看时会产生一定的视觉疲惫感，因此在设计时一定要突出该模块的重点，设计风格以简洁、醒目为主。

6.7.3　课堂案例——设计实木沙发其他模块

　　【**案例学习目标**】学习使用Photoshop的绘图工具、文字工具设计实木沙发的其他模块。

　　【**案例知识要点**】使用"新建参考线"命令创建参考线，使用"置入嵌入对象"命令置入图片，使用"横排文字"工具添加文字，使用"矩形"工具绘制基本图形。

　　【**效果文件位置**】云盘/Ch06/6.7.3课堂案例——设计实木沙发其他模块/工程文件.psd，如图6-81所示。

图 6-81

1.　设计实木沙发其他模块

　　（1）打开Photoshop，按Ctrl+N组合键，弹出"新建文档"对话框，设置"宽度"为790px，"高度"为624px，"分辨率"为72px/in，"颜色模式"为RGB颜色，"背景内容"为白色，单击"创建"按钮，新建一个文件。

　　（2）使用上述方法，分别新建距离页面左侧20px、在页面居中及距离页面右侧20px的3条垂直参考线。

　　（3）选择"矩形"工具 □.，在属性栏的"选择工具模式"选项中选择"图形"，将"填充"颜色设置为浅灰色（241、241、241），"描边"颜色设置为无。在图像窗口中绘制一个矩形，如图6-82所示，在"图层"控制面板中生成新的图形图层"矩形1"。

　　（4）选择"视图 → 新建参考线"命令，弹出"新建参考线"对话框，在118px的位置创建水平参考线，设置如图6-83所示。单击"确定"按钮，完成参考线的创建。使用相同的方法，在258px的位置再新建一条水平参考线。

　　（5）选择"横排文字"工具 T.，在适当的位置分别输入需要的文字并选取文字。选择"窗口 → 字符"命令，打开"字符"面板。将"颜色"设置为深灰色（54、54、54），并分别设置合适的字体和字号，在"图层"控制面板中分别生成新的文字图层。使用上述方法，分别创建参考线并绘制图形，效果如图6-84所示，在"图层"控制面板中生成新的图形图层。

　　（6）再新建两条水平参考线。选择"文件 → 置入嵌入对象"命令，弹出"置入嵌入的对象"对话框。选择云盘中的"Ch06 → 6.7.3课堂案例——设计实木沙发其他模块 → 素材 → 01"文件，单击"置入"按钮，将图像置入图像窗口中。将"01"图像拖曳到适当的位置并调整大小，按Enter键确定操作，在"图层"控制面板中生成新的图层并将其命名为"配送车"，效果如图6-85所示。

（7）单击"图层"控制面板下方的"添加图层样式"按钮 *fx*，在弹出的菜单中选择"颜色叠加"命令，弹出对话框，设置"叠加"颜色为浅棕色（193、155、116），其他选项的设置如图6-86所示。单击"确定"按钮，效果如图6-87所示。

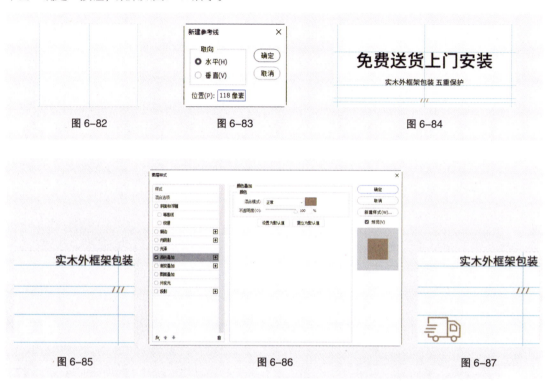

图 6-82　　　　　　图 6-83　　　　　　图 6-84

图 6-85　　　　　　图 6-86　　　　　　图 6-87

（8）使用上述方法，分别输入文字、创建参考线、置入图标并添加颜色叠加效果，制作出图6-88所示的效果，在"图层"控制面板中分别生成新的图层。

（9）按住Shift键的同时，单击"矩形1"图层，将需要的图层同时选取。按Ctrl+G组合键，群组图层并将其命名为"其他模块"，如图6-89所示。实木沙发其他模块设计完成。

图 6-88　　　　　　　　　　　图 6-89

2. 模块合并

（1）按Ctrl+N组合键，弹出"新建文档"对话框，设置"宽度"为790px，"高度"为13066px，"分辨率"为72px/in，"颜色模式"为RGB颜色，"背景内容"为白色，单击"创建"按钮，新建一个文件。

（2）按Ctrl+O组合键，弹出"打开文件"对话框，选择云盘中的"Ch06 → 6.2.3课堂案例——设计实木沙发商品焦点图 → 工程文件.psd"文件，单击"打开"按钮，打开文件。拖曳文件中的

"商品焦点图"图层组到新建的图像窗口中适当的位置，如图6-90所示。使用相同的方法，分别合并上述制作完成的模块对应的图层组到新建的图像窗口中，"图层"控制面板中图层组的顺序如图6-91所示。商品详情页整体效果制作完成。

（3）选择"文件 → 导出 → 存储为Web所用格式(旧版)"命令，在弹出的对话框中进行设置，单击"存储"按钮，导出效果图。实木沙发商品详情页设计完成。

图6-90　　　　　　　　　　　图6-91

6.8 课堂练习——设计温和洗面奶商品详情页

【练习知识要点】使用Photoshop的绘图工具、文字工具设计温和洗面奶商品详情页，最终效果如图6-92所示。

【效果文件位置】云盘/Ch06/6.8课堂练习——设计温和洗面奶商品详情页/工程文件.psd。

图6-92

设计温和洗面奶商品详情页1　设计温和洗面奶商品详情页2　设计温和洗面奶商品详情页3　设计温和洗面奶商品详情页4　设计温和洗面奶商品详情页5

6.9 课后习题——设计入耳式蓝牙耳机商品详情页

【习题知识要点】使用Photoshop的绘图工具、文字工具设计入耳式蓝牙耳机商品详情页，最终效果如图6-93所示。

【效果文件位置】云盘/Ch06/6.9课后习题——设计入耳式蓝牙耳机商品详情页/工程文件.psd。

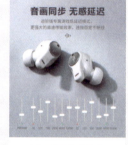

图 6-93

设计入耳式蓝牙耳机商品详情页1　设计入耳式蓝牙耳机商品详情页2　设计入耳式蓝牙耳机商品详情页3　设计入耳式蓝牙耳机商品详情页4　设计入耳式蓝牙耳机商品详情页5

第7章

活动专题页设计

第 7 章简介

▶ 本章介绍

　　活动专题页设计是电商视觉设计任务中具有一定难度的综合型工作任务，精心设计的活动专题页能够营造出欢乐的活动氛围，提升消费者的兴趣。本章针对活动专题页的基本类型、表现形式及页面设计等基础知识进行系统讲解，并针对流行风格与典型行业的活动专题页进行设计演练。通过学习本章，学生可以了解活动专题页的设计思路，掌握其制作方法。

▶ 学习引导

知识目标

- 了解活动专题页的基本类型
- 熟悉活动专题页的表现形式

素养目标

- 提高整理、提炼信息的能力
- 提高版面设计的能力

能力目标

- 熟悉平台活动专题页的设计思路
- 掌握平台活动专题页的制作方法
- 熟悉店铺活动专题页的设计思路
- 掌握店铺活动专题页的制作方法

7.1 活动专题页的基本类型

　　活动专题页是指在各种节日活动主题下进行商品促销的电商页面。根据服务对象，PC端活动专题页可以分为平台活动专题页和店铺活动专题页，如图7-1所示。

图 7-1

　　PC端平台活动专题页通常涉及大量的类目、品牌及商品，因此整体布局更紧凑。其中的头部Banner常设计为高度低、尺寸小的样式，以便能在首屏展示更多信息。而PC端店铺活动专题页只需呈现单一类目或单一品牌下的少量商品，因此整体布局更宽松。其中的头部Banner常设计为高度高、尺寸大的样式，以便能更好地体现主题和氛围。

手机端活动专题页与PC端活动专题页一样可以分为平台活动专题页和店铺活动专题页，如图7-2所示。其中手机端平台活动专题页的头部Banner常设计为横屏、方屏尺寸的样式，手机端店铺活动专题页的头部Banner则设计为竖屏大尺寸的样式。

图 7-2

7.2 活动专题页的表现形式

根据不同的信息呈现和商品陈列方式，活动专题页通常有矩形排列和场景展示两种表现形式，这两种表现形式各有千秋，被大量应用于各类活动专题页的设计中。

7.2.1　矩形排列

矩形排列即用矩形的形式将活动专题页的内容按照一定的规则进行排列。这种表现形式能够清晰地展示信息内容，令画面整齐、舒适。根据不同的设计风格，矩形排列可以细分为扁平化矩形排列和拟物化矩形排列，如图7-3所示。扁平化矩形排列将矩形刻画成轻量化的视觉元素，从而更好地凸显商品和信息；拟物化矩形排列则将矩形刻画成立体化的视觉元素，使矩形成为画面亮点，让画面更具美感。

7.2.2　场景展示

场景展示即用场景化的形式呈现活动专题页中的内容。这种表现形式能够突出主题氛围，使信息和商品巧妙地融入场景内，设计更具连贯性与创意度，如图7-4所示。

图 7-3　　　　　　　　　　　　　　　　　　　　　图 7-4

7.3　PC 端活动专题页的页面设计

尽管PC端活动专题页的设计形式丰富多样，但其中的设计规律依然有迹可循。下面分别从PC端活动专题页的设计尺寸、PC端活动专题页的页面结构以及PC端活动专题页的设计要点这3个方面展开讲解。

7.3.1 PC 端活动专题页的设计尺寸

PC端活动专题页的设计尺寸可以参考第8章中的PC端店铺首页的设计尺寸进行设置。通常将PC端活动专题页的宽度设置为1920px，重要的信息和商品的宽度建议设置在1200px以内，高度不限，可以根据商家的不同需要进行组合变化。

7.3.2 PC 端活动专题页的页面结构

PC端活动专题页通常由店招&导航、Banner、活动促销区以及商品陈列区组成，如图7-5所示。参考1.5.3小节确定好PC端活动专题页的栅格系统，根据主流电商平台设计PC端活动专题页的板块尺寸，可以总结出紧凑型和宽松型共两种类型，如图7-6所示。紧凑型板块排列紧凑、占屏较小，适合展示文字较少的内容或用于版面紧张的情况；宽松型板块排列宽松、占屏较大，适合展示文字较多或需要着重呈现的内容。各种板块的高度可以根据商品和信息的内容灵活变化，设计时建议参考图7-6中的比例，否则容易造成结构失衡。

图 7-5

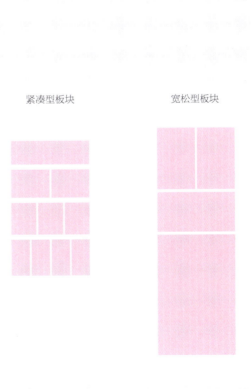

紧凑型板块　　　　宽松型板块

图 7-6

7.3.3　PC 端活动专题页的设计要点

1. 商品陈列

PC端活动专题页中的商品陈列区占据了页面的大部分版面，在同一个内容中建议用统一的形式和规则设计不同的商品，以达到井然有序的陈列效果，帮助消费者快速找到所需的商品。设计规整的商品陈列区需要在商品陈列形式和商品陈列角度两个方面进行统一。

（1）商品陈列形式

常用的商品陈列形式有摄影图片、背景设计和台面设计3种，这3种商品陈列形式各有所长，适用于大多数品类商品的陈列。摄影图片即拍摄一套调性统一的商品图片进行商品陈列，如图7-7所示，该形式可以令陈列的商品更加生动、更具品质感；背景设计形式是将商品本身的背景更换为纯色等其他扁平化背景进行商品陈列，如图7-8所示，该形式需保证背景与画风一致，以达到使商品陈列清晰明了的目的；台面设计即利用桌面或方盒承载商品进行商品陈列，如图7-9所示，该形式需要设计师具有较高的台面刻画能力，以达到使商品陈列具有立体感和透气性的目的。

 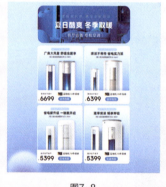 

图7-7　　　　　　　　　　图7-8　　　　　　　　图7-9

（2）商品陈列角度

商品陈列角度有平视、仰视和俯视3种，不同的角度可以给消费者带来不同的感受。其中平视和俯视角度会令商品陈列更为自然，因此广泛使用这两种角度，如图7-10所示。仰视会给消费者带来刻意的感受，使商品的真实感和亲切感不足，因此较少使用这种角度。

图 7-10

2. 内容分隔

PC端活动专题页中的内容展示区包括活动促销区和商品陈列区，这些区域在设计时应有明确的分隔，以保证消费者快速区分不同的内容，加强信息传达效果。内容分隔主要分为板块分隔和模块分隔。

（1）板块分隔

板块分隔即对PC端活动专题页中不同的板块进行区分，常见的板块有活动促销区和商品陈列区。板块分隔的设计通常有分隔栏、颜色和表现形式3种。分隔栏能够直接明了地区分出不同板块，并能保持视觉的连贯性，如图7-11所示；将板块设计成不同的颜色是一种快速区分板块的方法，这种方法操作简单且效果明显，如图7-12所示；通过不同的表现形式区分板块类型的设计难度较大，但呈现效果理想，如图7-13所示。

图7-11

图7-12

图7-13

（2）模块分隔

模块分隔即对PC端活动专题页的同一板块中的不同模块进行区分，以将每个模块都作为一个相对独立的视觉单元。根据表现形式的不同，模块分隔有矩形分隔和场景分隔。矩形分隔使模块区分明确，设计时需要注意将与单个商品有关的所有内容都置于一个矩形内，确保模块的完整性，如图7-14所示；场景分隔使模块区分自然，利用场景中的视觉元素形成了模块的边界，设计时与矩形分隔一样，需要确保模块的完整性，如图7-15所示。

图7-14

图7-15

7.3.4　课堂案例——设计家电平台初春换新 PC 端活动专题页

【案例学习目标】学习使用Photoshop的绘图工具、文字工具设计家电平台初春换新PC端活动专题页。

【案例知识要点】使用"新建参考线版面"命令创建参考线版面，使用"置入嵌入对象"命令置入图片，使用"横排文字"工具添加文字，使用"矩形"工具、"椭圆"工具和"圆角矩形"工具绘制基本图形，使用"添加图层样式"按钮为图形添加效果，使用"创建剪贴蒙版"快捷键调整图片显示区域。

【效果文件位置】云盘/Ch07/7.3.4 课堂案例——设计家电平台初春换新PC端活动专题页/工程文件.psd，如图7-16所示。

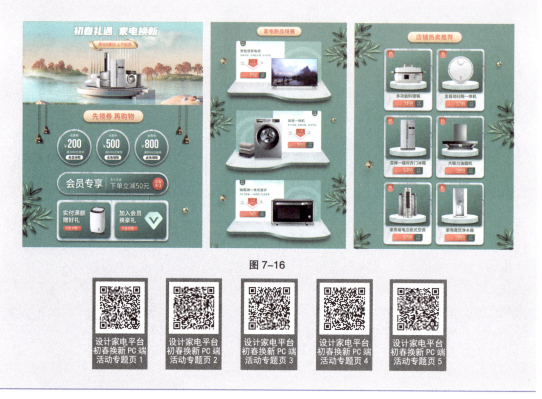

图 7-16

设计家电平台初春换新 PC 端活动专题页 1　设计家电平台初春换新 PC 端活动专题页 2　设计家电平台初春换新 PC 端活动专题页 3　设计家电平台初春换新 PC 端活动专题页 4　设计家电平台初春换新 PC 端活动专题页 5

1. 制作商品海报

（1）打开Photoshop，按Ctrl+N组合键，弹出"新建文档"对话框，设置"宽度"为1920px，"高度"为8046px，"分辨率"为72px/in，"背景内容"为白色，单击"创建"按钮，新建一个文件。

（2）选择"视图 → 新建参考线版面"命令，弹出"新建参考线版面"对话框，勾选"列"复选框，设置"数字"为2，勾选"边距"复选框，设置上边距为850px，左边距和右边矩各为360px，如图7-17所示。单击"确定"按钮，完成参考线版面的创建。

（3）选择"矩形"工具 □，在属性栏的"选择工具模式"选项中选择"图形"，将"填充"颜色设置为白色，"描边"颜色设置为无。在图像窗口中绘制一个矩形，效果如图7-18所示，在"图层"控制面板中生成新的图形图层"矩形1"。

130

（4）选择"文件 → 置入嵌入对象"命令，弹出"置入嵌入的对象"对话框。选择云盘中的"Ch07 → 7.3.4 课堂案例——设计家电平台初春换新PC端活动专题页 → 素材 → 01"文件，单击"置入"按钮，将图片置入图像窗口中，拖曳其到适当的位置。按Enter键确定操作，在"图层"控制面板中生成新的图层并将其命名为"背景"。按Ctrl+Alt+G组合键，为图层创建剪贴蒙版，效果如图7-19所示。

图7-17　　　　　　　　图7-18　　　　　　　　图7-19

（5）选择"文件 → 置入嵌入对象"命令，弹出"置入嵌入的对象"对话框。分别选择云盘中的"Ch07 → 7.3.4 课堂案例——设计家电平台初春换新PC端活动专题页 → 素材 → 02、03"文件，单击"置入"按钮，将图片分别置入图像窗口中，然后分别拖曳到适当的位置并调整大小。按Enter键确定操作，如图7-20所示，在"图层"控制面板中生成新的图层并将其分别命名为"挂式空调"和"立式空调"。

（6）选择"文件 → 置入嵌入对象"命令，弹出"置入嵌入的对象"对话框。选择云盘中的"Ch07 → 7.3.4 课堂案例——设计家电平台初春换新PC端活动专题页 → 素材 → 04"文件，单击"置入"按钮，将图片置入图像窗口中。拖曳其到适当的位置并调整大小，在变换框中单击鼠标右键，在弹出的菜单中选择"水平翻转"命令，水平翻转图片，按Enter键确定操作，如图7-21所示，在"图层"控制面板中生成新的图层并将其命名为"热水器"。

（7）使用上述方法置入"05～07"文件，如图7-22所示，在"图层"控制面板中生成新的图层并将其分别命名为"洗衣机""烤箱"和"冰箱"。

图7-20　　　　　　　　图7-21　　　　　　　　图7-22

（8）选择"背景"图层，单击"图层"控制面板下方的"创建新图层"按钮 □，生成新的图层并将其命名为"阴影"。设置前景色为黑色。选择"画笔"工具 ✍.，在属性栏中单击"画笔预设"选项，在弹出的面板中选择需要的画笔图形，如图7-23所示，在图像窗口中拖曳鼠标指针，添加阴影。在"图层"控制面板中，将图层的"混合模式"选项设置为"正片叠底"，如图7-24所示。按Enter键确定操作，效果如图7-25所示。

图7-23   图7-24   图7-25

（9）单击"图层"控制面板下方的"创建新图层"按钮 ⊡ ，生成新的图层并将其命名为"投影"。设置前景色为灰绿色（69、85、75）。选择"画笔"工具 ✐ ，在属性栏中单击"画笔预设"选项，在弹出的面板中选择需要的画笔图形，并在属性栏中设置"不透明度"选项为50%。在图像窗口中拖曳鼠标指针，添加投影。在"图层"控制面板中，设置"不透明度"选项为80%。按Enter键确定操作，效果如图7-26所示。

（10）选择"阴影"图层，按住Shift键的同时，单击"冰箱"图层，将需要的图层同时选取。按Ctrl+G组合键，群组图层并将其命名为"电器"。选择"横排文字"工具 T.，在图像窗口中输入需要的文字并选取文字。选择"窗口 → 字符"命令，打开"字符"面板，在"字符"面板中，将"颜色"设置为白色，其他选项的设置如图7-27所示。按Enter键确定操作，效果如图7-28所示，在"图层"控制面板中生成新的文字图层。

图7-26   图7-27   图7-28

（11）单击"图层"控制面板下方的"添加图层样式"按钮 fx ，在弹出的菜单中选择"描边"命令。在弹出的对话框中，将"描边"颜色设置为豆绿色（126、183、168），其他选项的设置如图7-29所示。选择对话框左侧的"投影"命令，切换到相应的对话框，将"投影"颜色设置为军绿色（77、99、87），其他选项的设置如图7-30所示。单击"确定"按钮，为文字添加效果。

（12）选择"文件 → 置入嵌入对象"命令，弹出"置入嵌入的对象"对话框。选择云盘中的

"Ch07 → 7.3.4 课堂案例——设计家电平台初春换新PC端活动专题页 → 素材 → 08"文件，单击"置入"按钮，将图片置入图像窗口中。拖曳其到适当的位置并调整大小，按Enter键确定操作，如图7-31所示，在"图层"控制面板中生成新的图层并将其命名为"标签"。

（13）选择"横排文字"工具 **T.**，在图像窗口中输入需要的文字并选取文字。在"字符"面板中，将"颜色"设置为红色（238、63、77），并设置合适的字体和字号。按Enter键确定操作，效果如图7-32所示，在"图层"控制面板中生成新的文字图层。

（14）单击"图层"控制面板下方的"添加图层样式"按钮 **fx.**，在弹出的菜单中选择"投影"命令。在弹出的对话框中，将"投影"颜色设置为米黄色（255、246、235），其他选项的设置如图7-33所示。单击"确定"按钮，为文字添加效果。按住Shift键的同时，单击"矩形 1"图层，将需要的图层同时选取。按Ctrl+G组合键，群组图层并将其命名为"海报"。

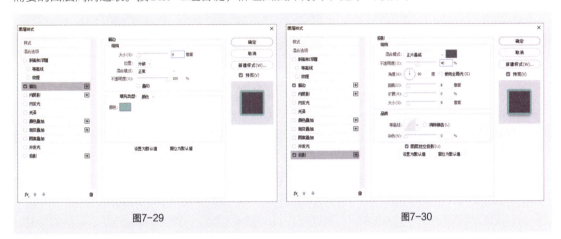

图7-29   图7-30

图7-31   图7-32   图7-33

2．制作优惠券

（1）选择"视图 → 新建参考线版面"命令，弹出"新建参考线版面"对话框，勾选"列"复选框，设置"数字"为12，"宽度"为56px，"装订线"为48px，勾选"边距"复选框，设置上边距为2316px，左边距和右边矩各为360px，如图7-34所示。单击"确定"按钮，完成参考线版面的创建。

（2）选择"矩形"工具 □.，在属性栏中将"填充"颜色设置为暗绿色（107、167、151），"描边"颜色设置为无。在图像窗口中绘制一个矩形，效果如图7-35所示，在"图层"控制面板中生成新的图形图层"矩形2"。

（3）选择"文件 → 置入嵌入对象"命令，弹出"置入嵌入的对象"对话框。选择云盘中的"Ch07 → 7.3.4 课堂案例——设计家电平台初春换新PC端活动专题页 → 素材 → 09"文件，单击"置入"按钮，将图片置入图像窗口中。拖曳其到适当的位置并调整大小，按Enter键确定操作，如图7-36所示，在"图层"控制面板中生成新的图层并将其命名为"灯"。

图7-34　　　　　　　　图7-35　　　　　　　　图7-36

（4）按Ctrl+J组合键，复制图层，在"图层"控制面板中生成新的图层"灯 拷贝"。按住Shift键的同时，在图像窗口中水平向右拖曳复制好的图像到适当的位置。按Ctrl+T组合键，在图像周围出现变换框，在变换框中单击鼠标右键，在弹出的菜单中选择"水平翻转"命令，水平翻转图像，按Enter键确定操作，效果如图7-37所示。

（5）选择"圆角矩形"工具 □，在属性栏中将"填充"颜色设置为白色，"描边"颜色设置为无，"半径"选项设置为58px。在图像窗口中适当的位置绘制一个圆角矩形，效果如图7-38所示，在"图层"控制面板中生成新的图形图层"圆角矩形1"。

（6）单击"图层"控制面板下方的"添加图层样式"按钮 fx，在弹出的菜单中选择"描边"命令。在弹出的对话框中，将"填充类型"选项设置为"渐变"，单击"渐变"选项右侧的"点按可编辑渐变"按钮 ▮▮▮▮ ，弹出"渐变编辑器"对话框。分别设置两个位置点颜色的RGB值为0（167、113、46）、100（246、215、176），单击"确定"按钮，返回"描边"对话框，其他选项的设置如图7-39所示。

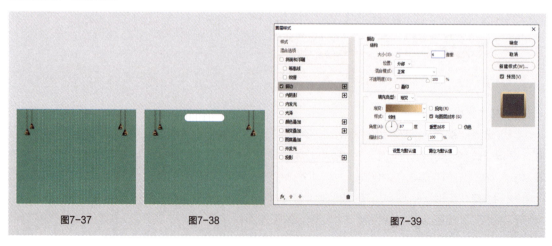

图7-37　　　　　　图7-38　　　　　　　　　　图7-39

（7）选择对话框左侧的"内发光"命令，切换到相应的对话框，将"内发光"颜色设置为白色，其他选项的设置如图7-40所示。选择对话框左侧的"渐变叠加"命令，切换到相应的对话框，单击"渐变"选项右侧的"点按可编辑渐变"按钮，弹出"渐变编辑器"对话框。分别设置两个位置点颜色的RGB值为0（231、185、127）、100（250、238、221），单击"确定"按钮，返回"渐变叠加"对话框，其他选项的设置如图7-41所示。

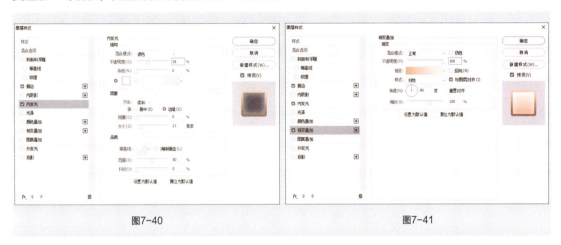

图7-40   图7-41

（8）选择对话框左侧的"投影"命令，切换到相应的对话框，将"投影"颜色设置为森绿色（45、58、53），其他选项的设置如图7-42所示。单击"确定"按钮，效果如图7-43所示。

（9）选择"横排文字"工具 **T.**，在图像窗口中输入需要的文字并选取文字。在"字符"面板中，将"颜色"设置为红色（238、63、77），并设置合适的字体和字号。按Enter键确定操作，效果如图7-44所示，在"图层"控制面板中生成新的文字图层。

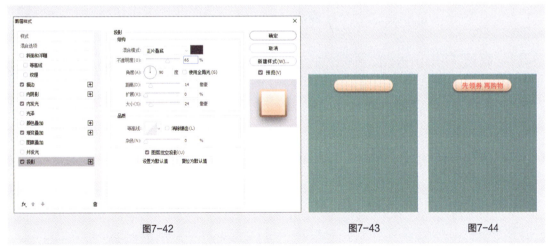

图7-42   图7-43   图7-44

（10）使用上述方法绘制图形并添加效果，如图7-45所示。选择"文件 → 置入嵌入对象"命令，弹出"置入嵌入的对象"对话框，选择云盘中的"Ch07 → 7.3.4 课堂案例——设计家电平台初春换新PC端活动专题页 → 素材 → 10"文件，单击"置入"按钮，将图片置入图像窗口中。拖曳其到适当的位置并调整大小，按Enter键确定操作，在"图层"控制面板中生成新的图层并将其命名为"底纹"。按Ctrl+Alt+G组合键，为图层创建剪贴蒙版，效果如图7-46所示。

（11）选择"椭圆"工具 ◯，在属性栏中将"填充"颜色设置为白色，"描边"颜色设置为无。按住Shift键的同时，在图像窗口中适当的位置绘制一个圆形，效果如图7-47所示，在"图层"控制面板中生成新的图形图层"椭圆 2"。

图7-45　　　　　　　　　图7-46　　　　　　　　　图7-47

（12）单击"图层"控制面板下方的"添加图层样式"按钮 fx，在弹出的菜单中选择"渐变叠加"命令，在弹出的对话框中，单击"渐变"选项右侧的"点按可编辑渐变"按钮 ▇▇▇ ∨，弹出"渐变编辑器"对话框。分别设置两个位置点颜色的RGB值为0（45、111、94）、100（107、167、151），单击"确定"按钮，返回"渐变叠加"对话框，其他选项的设置如图7-48所示。

（13）选择对话框左侧的"投影"命令，切换到相应的对话框，将"投影"颜色设置为中绿色（45、111、94），其他选项的设置如图7-49所示。单击"确定"按钮，为图形添加效果。

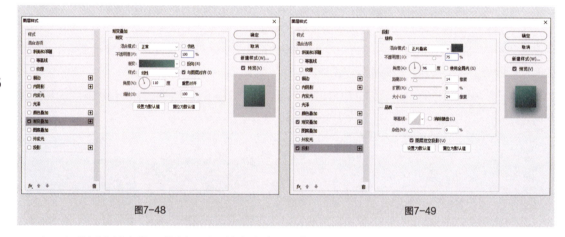

图7-48　　　　　　　　　　　　　　　　　图7-49

（14）使用上述方法，绘制图形、输入文字并添加效果，如图7-50所示。按住Shift键的同时，单击"椭圆 1"图层，将需要的图层同时选取。按Ctrl+G组合键，群组图层并将其命名为"券1"。使用上述方法制作"券2"和"券3"图层组，效果如图7-51所示。

图7-50　　　　　　　　　　　图7-51

（15）使用上述方法，制作"会员专享""好礼"和"豪礼"图层组，如图7-52所示，效果如图7-53所示。选择"券 3"图层组，选择"矩形"工具 ▭ ，在属性栏中将"填充"颜色设置为白色，"描边"颜色设置为无。在图像窗口中绘制一个矩形，效果如图7-54所示，在"图层"控制面板中生成新的图形图层"矩形3"。

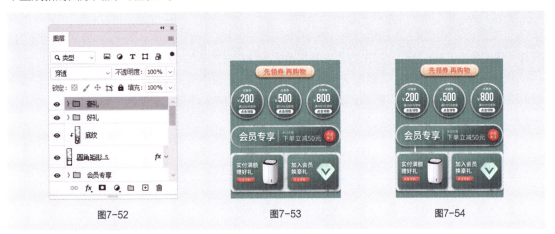

图7-52　　　　　　　图7-53　　　　　　　图7-54

（16）单击"图层"控制面板下方的"添加图层样式"按钮 *fx* ，在弹出的菜单中选择"渐变叠加"命令，在弹出的对话框中，单击"渐变"选项右侧的"点按可编辑渐变"按钮 ▬▬▬ ，弹出"渐变编辑器"对话框。分别设置两个位置点颜色的RGB值为0（45、111、94）、100（167、214、204），单击"确定"按钮，返回"渐变叠加"对话框，其他选项的设置如图7-55所示。单击"确定"按钮，为图形添加效果。

（17）使用相同的方法，制作其他图层，并置入"15"和"16"文件，效果如图7-56所示。在"图层"控制面板中分别生成新的图层，如图7-57所示。按住Shift键的同时，单击"矩形 2"图层，将需要的图层同时选取，按Ctrl+G组合键，群组图层并将其命名为"优惠券"。

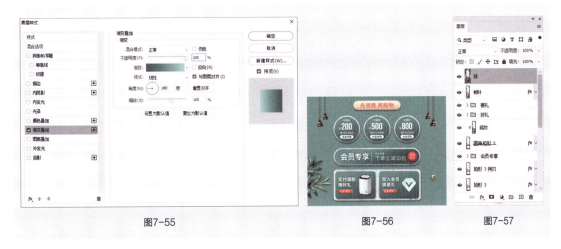

图7-55　　　　　　　图7-56　　　　　　　图7-57

3．制作活动模块

（1）选择"视图 → 新建参考线"命令，弹出"新建参考线"对话框，在距离上方参考线3124px的位置新建一条水平参考线，设置如图7-58所示。单击"确定"按钮，完成一条水平参考线的新建。

（2）选择"矩形"工具 □，在属性栏中将"填充"颜色设置为暗绿色（107、167、151），"描边"颜色设置为无。在图像窗口中绘制一个矩形，效果如图7-59所示，在"图层"控制面板中生成新的图形图层"矩形 4"。

（3）选择"文件 → 置入嵌入对象"命令，弹出"置入嵌入的对象"对话框。选择云盘中的"Ch07 → 7.3.4 课堂案例——设计家电平台初春换新PC端活动专题页 → 素材 → 14"文件，单击"置入"按钮，将图片置入图像窗口中。拖曳其到适当的位置并调整大小，按Enter键确定操作，效果如图7-60所示，在"图层"控制面板中生成新的图层并将其命名为"装饰"。

（4）按Ctrl+J组合键，复制图层，在"图层"控制面板中生成新的图层"装饰 拷贝"。按住Shift键的同时，将其垂直向下移动到适当的位置，效果如图7-61所示。

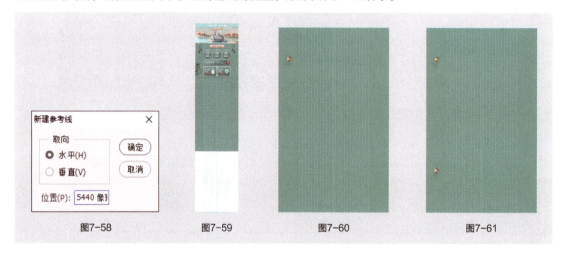

| 图7-58 | 图7-59 | 图7-60 | 图7-61 |

（5）使用上述方法，复制其他图层，如图7-62所示，效果如图7-63所示。展开"优惠券"图层组，选择"圆角矩形 1"图层，按住Shift键的同时，单击文字图层，将其同时选取。按Ctrl+C组合键，复制图层。按Ctrl+V组合键，粘贴图层。在"图层"控制面板中分别生成新的图层并将其拖曳到控制面板的上方。

（6）选择"移动"工具 ⊕，按住Shift键的同时，将复制好的图像垂直向下拖曳到适当的位置，效果如图7-64所示。双击选中图像窗口中需要修改的文字，并对其进行修改，效果如图7-65所示。

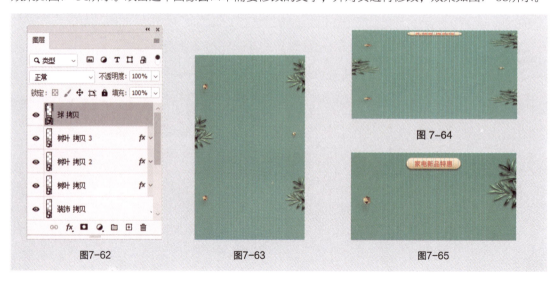

| 图7-62 | 图7-63 | 图7-64 |
| | | 图7-65 |

（7）选择"文件 → 置入嵌入对象"命令，弹出"置入嵌入的对象"对话框。选择云盘中的"Ch07 → 7.3.4 课堂案例——设计家电平台初春换新PC端活动专题页 → 素材 → 17"文件，单击"置入"按钮，将图片置入图像窗口中。拖曳其到适当的位置并调整大小，按Enter键确定操作，效果如图7-66所示，在"图层"控制面板中生成新的图层并将其命名为"台面"。

（8）按Ctrl+J组合键，复制图层，在"图层"控制面板中生成新的图层"台面 拷贝"，并将其拖曳到"台面"图层的下方。按Ctrl+T组合键，在图像周围出现变换框，拖曳"台面 拷贝"图像到适当的位置并调整大小，按Enter键确定操作，效果如图7-67所示。

（9）单击"图层"控制面板下方的"添加图层样式"按钮 fx ，在弹出的菜单中选择"颜色叠加"命令，在弹出的对话框中，将"叠加"颜色设置为乌绿色（34、71、61），其他选项的设置如图7-68所示。单击"确定"按钮，为图像添加效果。

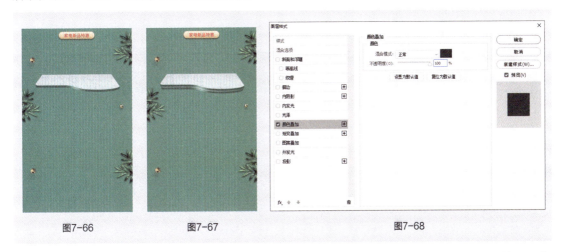

图7-66　　　　　　图7-67　　　　　　　　　　　　图7-68

（10）选择"滤镜 → 模糊 → 高斯模糊"命令，弹出"高斯模糊"对话框，选项的设置如图7-69所示。单击"确定"按钮，效果如图7-70所示。选择"圆角矩形"工具 $\Box$ ，在图像窗口中适当的位置绘制一个圆角矩形，在"图层"控制面板中生成新的图形图层"圆角矩形8"。在"属性"面板中，将"填充"颜色设置为淡绿色（144、199、184），"描边"颜色设置为无，其他选项的设置如图7-71所示，效果如图7-72所示。

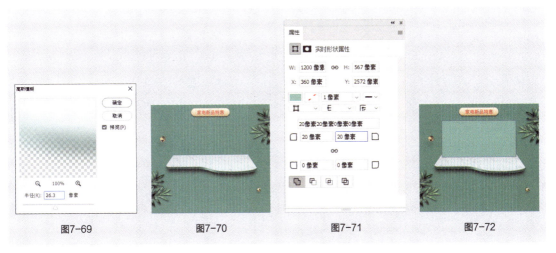

图7-69　　　　　　图7-70　　　　　　图7-71　　　　　　图7-72

（11）选择"椭圆"工具 ○.，在属性栏中将"填充"颜色设置为无，"描边"颜色设置为水绿色（177、220、210），"描边"粗细设置为60px。按住Shift键的同时，在图像窗口中适当的位置绘制一个圆形，在"图层"控制面板中生成新的图形图层"椭圆 4"。按Ctrl+Alt+G组合键，为图层创建剪贴蒙版，效果如图7-73所示。

（12）在"图层"控制面板的上方，设置"不透明度"选项为50%，效果如图7-74所示。按Ctrl+J组合键，复制图层，在"图层"控制面板中生成新的图层"椭圆 4 拷贝"。按Ctrl+T组合键，在图像周围出现变换框，按住Alt键的同时，拖曳变换框右上角的控制手柄等比例缩小图形，按Enter键确定操作。按Ctrl+Alt+G组合键，为图层创建剪贴蒙版，效果如图7-75所示。

图7-73　　　　　　　　图7-74　　　　　　　　图7-75

（13）使用上述方法，绘制图形并输入文字，效果如图7-76所示。选择"钢笔"工具 ⌀.，在属性栏的"选择工具模式"选项中选择"图形"，将"填充"颜色设置为豆绿色（126、183、168），"描边"颜色设置为无。在图像窗口中单击绘制图形，在"图层"控制面板中生成新的图层"图形 2"。在"图层"控制面板的上方，将"不透明度"选项设置为20%，按Enter键确定操作，效果如图7-77所示。

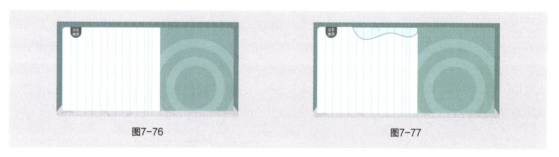

图7-76　　　　　　　　　　　　　图7-77

（14）选择"横排文字"工具 T.，在图像窗口中分别输入需要的文字并选取文字。在"字符"面板中，将"颜色"设置为中绿色（45、111、94），并设置合适的字体和字号。按Enter键确定操作，效果如图7-78所示，在"图层"控制面板中分别生成新的文字图层。

（15）选择"文件 → 置入嵌入对象"命令，弹出"置入嵌入的对象"对话框。选择云盘中的"Ch07 → 7.3.4 课堂案例——设计家电平台初春换新PC端活动专题页 → 素材 → 18"文件，单击"置入"按钮，将图片置入图像窗口中。拖曳其到适当的位置并调整大小，按Enter键确定操作，效果如图7-79所示，在"图层"控制面板中生成新的图层并将其命名为"立减"。

（16）选择"横排文字"工具 T.，在图像窗口中分别输入需要的文字并选取文字。在"字符"面板中，将"颜色"设置为黑紫色（54、53、54）和白色，并设置合适的字体和字号。按Enter键确定操作，效果如图7-80所示，在"图层"控制面板中分别生成新的文字图层。

（17）按住Shift键的同时，单击"立减"图层，将需要的图层同时选取，按Ctrl+G组合键，群组图层并将其命名为"价格曲线"，如图7-81所示。使用上述方法制作"价格按钮"图层组，效果如图7-82所示。

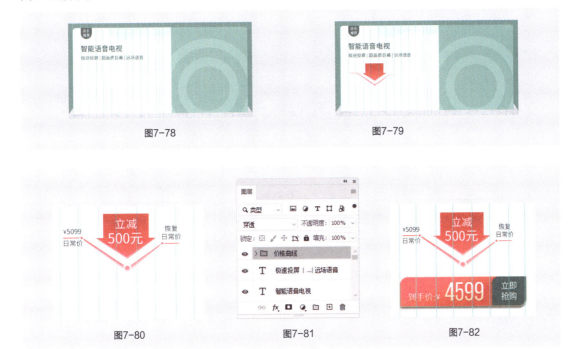

图7-78　　　　　　　　　　　　　　　　　　图7-79

图7-80　　　　　　　图7-81　　　　　　　图7-82

（18）使用上述方法，置入图片并添加投影效果，如图7-83所示。按Ctrl+J组合键，复制图层。在"图层"控制面板中生成新的图层"电视 拷贝"，并将其拖曳到"电视"图层的下方。在"电视拷贝"图层上单击鼠标右键，在弹出的菜单中选择"清除图层样式"命令，清除图层样式。

（19）按Ctrl+T组合键，在图像周围出现变换框，在变换框中单击鼠标右键，在弹出的菜单中选择"垂直翻转"命令。按住Shift键的同时，向下垂直拖曳图像到适当的位置，按Enter键确定操作，效果如图7-84所示。

（20）在"图层"控制面板中，将"混合模式"选项设置为"正片叠底"，"不透明度"选项设置为60%，按Enter键确定操作。单击"图层"控制面板下方的"添加矢量蒙版"按钮 ，选择"渐变"工具 ，由下至上拖曳渐变色，效果如图7-85所示。选择"滤镜 → 模糊 → 高斯模糊"命令，在弹出的对话框中，设置"半径"为8px，单击"确定"按钮，效果如图7-86所示。

图7-83　　　　　　　图7-84　　　　　　　图7-85　　　　　　　图7-86

（21）选择"电视"图层。按住Shift键的同时，单击"台面 拷贝"图层，将需要的图层同时选取。按Ctrl+G组合键，群组图层。使用上述方法制作"组 2"和"组 3"图层组，如图7-87所示，效果如图7-88所示。按住Shift键的同时，单击"矩形 4"图层，将需要的图层同时选取，按Ctrl+G组合键，群组图层并将其命名为"新品特惠"，如图7-89所示。

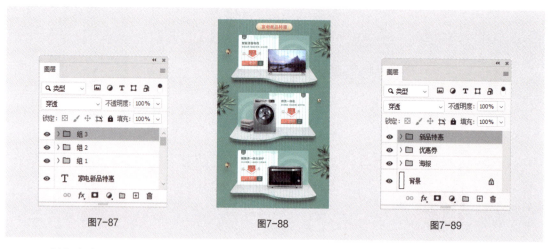

| 图7-87 | 图7-88 | 图7-89 |

4. 制作商品展示模块

（1）使用上述方法绘制图形、复制图像并修改文字，效果如图7-90所示。选择"圆角矩形"工具 □，在属性栏中将"填充"颜色设置为白色，"描边"颜色设置为无，"半径"选项设置为40px。在图像窗口中适当的位置绘制一个圆角矩形，在"图层"控制面板中生成新的图形图层"圆角矩形13"。使用上述方法为图形添加效果，效果如图7-91所示。

（2）选择"文件 → 置入嵌入对象"命令，弹出"置入嵌入的对象"对话框。选择云盘中的"Ch07 → 7.3.4 课堂案例——设计家电平台初春换新PC端活动专题页 → 素材 → 10"文件，单击"置入"按钮，将图片置入图像窗口中。拖曳其到适当的位置并调整大小，按Enter键确定操作，在"图层"控制面板中生成新的图层并将其命名为"底纹"。按Ctrl+Alt+G组合键，为图层创建剪贴蒙版，效果如图7-92所示。使用上述方法绘制图形并添加效果，效果如图7-93所示。

| 图7-90 | 图7-91 | 图7-92 | 图7-93 |

（3）选择"椭圆"工具 ○，在属性栏中将"填充"颜色设置为中绿色（45、111、94），"描边"颜色设置为无。在图像窗口中适当的位置绘制一个椭圆形，效果如图7-94所示，在"图层"控制面板中生成新的图形图层"椭圆 5"。选择"矩形"工具 □。按住Shift键的同时，绘制一个矩形，效果

如图7-95所示。

（4）单击"图层"控制面板下方的"添加图层样式"按钮 *fx*，在弹出的菜单中选择"投影"命令，在弹出的对话框中，将"投影"颜色设置为中绿色（45、111、94），其他选项的设置如图7-96所示。单击"确定"按钮，为图像添加效果。

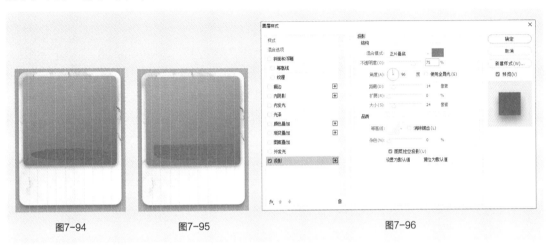

图7-94　　　　　图7-95　　　　　　　　　　　　图7-96

（5）使用上述方法置入"22"文件，在"图层"控制面板中生成新的图层并将其命名为"底纹2"。设置"不透明度"选项为74%，按Enter键确定操作。按Ctrl+Alt+G组合键，为图层创建剪贴蒙版，效果如图7-97所示。

（6）选择"移动"工具 ✛，按住Shift键的同时，单击"椭圆 5"图层，将其同时选取。按Shift+Alt组合键，垂直向上拖曳图形到适当的位置以复制图形。在选中的图层上单击鼠标右键，在弹出的菜单中选择"清除图层样式"命令，清除图层样式，效果如图7-98所示。

（7）选择"路径选择"工具 ▶，选中矩形，按Delete键将其删除，效果如图7-99所示。选中"底纹2 拷贝"图层。使用上述方法置入图片、添加阴影效果和投影，如图7-100所示。

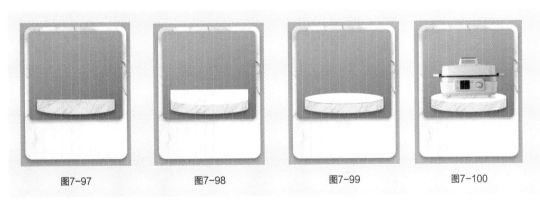

图7-97　　　　　　图7-98　　　　　　　图7-99　　　　　　图7-100

（8）单击"图层"控制面板下方的"创建新的填充或调整图层"按钮 ◔，在弹出的菜单中选择"亮度/对比度"命令，在"图层"控制面板中生成"亮度/对比度1"图层，同时在弹出的面板中进行设置，如图7-101所示。按Enter键确定操作，效果如图7-102所示。

（9）选择"圆角矩形"工具 ▢，在图像窗口中适当的位置绘制一个圆角矩形，在"图层"控制面板中生成新的图形图层"圆角矩形15"。在"属性"面板中，将"填充"颜色设置为朱红色（241、85、86），"描边"颜色设置为无，其他选项的设置如图7-103所示，效果如图7-104所示。

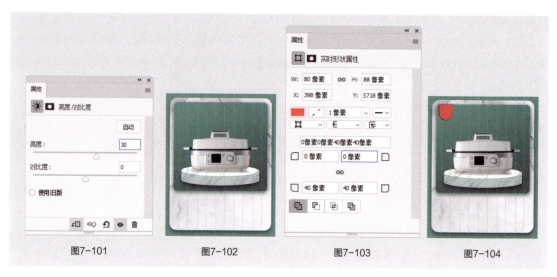

图7-101　　　　　　　　图7-102　　　　　　　　图7-103　　　　　　　　图7-104

（10）单击"图层"控制面板下方的"添加图层样式"按钮 fx，在弹出的菜单中选择"渐变叠加"命令，在弹出的对话框中，单击"渐变"选项右侧的"点按可编辑渐变"按钮 ▬▬▬，弹出"渐变编辑器"对话框。分别设置两个位置点颜色的RGB值为0（0、0、0）、100（230、230、230），单击"确定"按钮，返回"渐变叠加"对话框，其他选项的设置如图7-105所示。单击"确定"按钮，效果如图7-106所示。

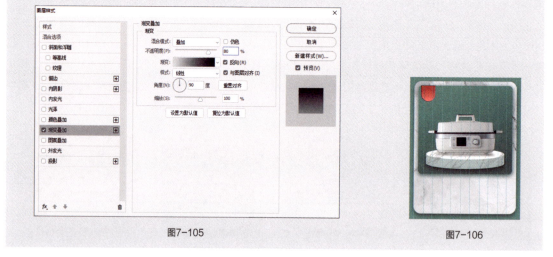

图7-105　　　　　　　　　　　　　　　　　　　　图7-106

（11）选择"横排文字"工具 T.，在图像窗口中分别输入需要的文字并选取文字。在"字符"面板中，将"颜色"设置为白色和中绿色（45、111、94），并设置合适的字体和字号。按Enter键确定操作，效果如图7-107所示，在"图层"控制面板中分别生成新的文字图层。

（12）选择"热"文字图层，按住Shift键的同时，单击"圆角矩形 14"图层，将需要的图层同时选取。按Ctrl+G组合键，群组图层并将其命名为"多功能料理锅"。选择"多功能料理锅"图层组，使用上述方法制作"价格按钮"图层组，效果如图7-108所示。

（13）按住Shift键的同时，单击"圆角矩形 13"图层，将需要的图层同时选取。按Ctrl+G组合键，群组图层并将其命名为"热卖 1"。使用上述方法制作其他图层组，效果如图7-109所示。按住

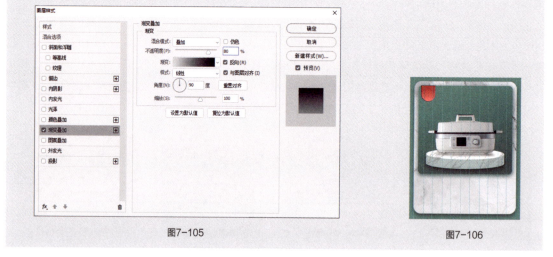

144

电商视觉设计（全彩慕课版）

Shift键的同时，单击"矩形 5"图层，将需要的图层同时选取，按Ctrl+G组合键，群组图层并将其命名为"热卖推荐"，如图7-110所示，效果如图7-111所示。

（14）选择"文件 → 导出 → 存储为Web所用格式(旧版)"命令，在弹出的对话框中进行设置，单击"存储"按钮，导出效果图。家电平台初春换新PC端活动专题页设计完成。

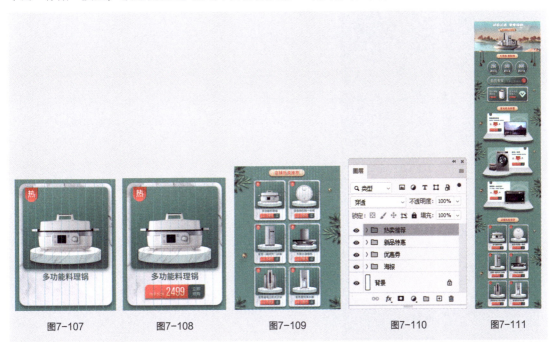

| 图7-107 | 图7-108 | 图7-109 | 图7-110 | 图7-111 |

7.4 手机端活动专题页的页面设计

手机端活动专题页的页面设计和PC端活动专题页的页面设计大同小异，特别是设计要点，可以完全参考PC端的。下面分别从手机端活动专题页的设计尺寸和手机端活动专题页的页面结构展开讲解。

7.4.1 手机端活动专题页的设计尺寸

手机端活动专题页的设计尺寸可以参考手机端电商平台和店铺首页的设计尺寸进行设置。通常将手机端平台活动专题页的宽度设置为750px，手机端店铺活动专题页的宽度设置为1200px，两侧的边距一般设置为20px、24px、30px、32px、40px及50px，建议设置30px以上的边距；高度不限，可以根据商家的不同需要进行变化。

7.4.2 手机端活动专题页的页面结构

手机端活动专题页与PC端活动专题页的页面结构类似，由Banner、活动促销区以及商品陈列区组成，如图7-112所示。参考1.5.3小节确定好活动专题页的栅格系统，根据主流电商平台设计手机端活动专题页的板块尺寸，同样可总结出紧凑型和宽松型两种类型，并可根据不同呈现内容对板块进行同类型的组合使用，如图7-113所示。

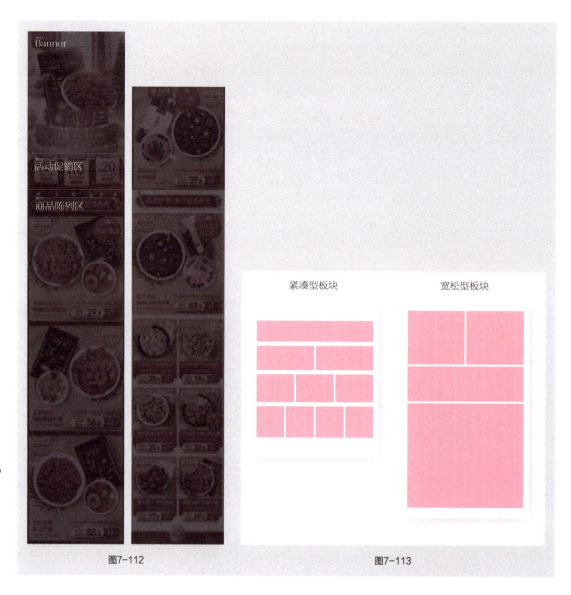

图7-112   图7-113

7.4.3　课堂案例——设计家电平台初春换新手机端活动专题页

【案例学习目标】学习使用Photoshop的绘图工具、文字工具设计家电平台初春换新手机端活动专题页。

【案例知识要点】使用"新建参考线版面"命令创建参考线版面，使用"置入嵌入对象"命令置入图片，使用"横排文字"工具添加文字，使用"矩形"工具、"椭圆"工具和"圆角矩形"工具绘制基本图形，使用"添加图层样式"按钮为图形添加效果，使用"创建剪贴蒙版"快捷键调整图片显示区域。

【效果文件位置】云盘/Ch07/7.4.3课堂案例——设计家电平台初春换新手机端活动专题页/工程文件.psd"，如图7-114所示。

图 7-114

1. 制作商品海报

（1）打开Photoshop，按Ctrl+N组合键，弹出"新建文档"对话框，设置"宽度"为1200px，"高度"为7994px，"分辨率"为72px/in，"背景内容"为白色，单击"创建"按钮，新建一个文件。

（2）选择"视图 → 新建参考线版面"命令，弹出"新建参考线版面"对话框，勾选"列"复选框，设置"数字"为2，勾选"边距"复选框，设置上边距为1500px，左边距和右边距各为40px，如图7-115所示。单击"确定"按钮，完成参考线版面的创建。

（3）选择"矩形"工具 □，在属性栏的"选择工具模式"选项中选择"图形"，将"填充"颜色设置为白色，"描边"颜色设置为无。在图像窗口中绘制一个矩形，效果如图7-116所示，在"图层"控制面板中生成新的图形图层"矩形1"。

（4）选择"文件 → 置入嵌入对象"命令，弹出"置入嵌入的对象"对话框。选择云盘中的"Ch07 → 7.4.3课堂案例——设计家电平台初春换新手机端活动专题页 → 素材 → 01"文件，单击"置入"按钮，将图片置入图像窗口中。拖曳其到适当的位置并调整大小，按Enter键确定操作，在"图层"控制面板中生成新的图层并将其命名为"背景"。按Ctrl+Alt+G组合键，为图层创建剪贴蒙版，效果如图7-117所示。

（5）选择"文件 → 置入嵌入对象"命令，弹出"置入嵌入的对象"对话框。选择云盘中的"Ch07 → 7.4.3课堂案例——设计家电平台初春换新手机端活动专题页 → 素材 → 02"文件，单击

"置入"按钮，将图片置入图像窗口中。拖曳其到适当的位置并调整大小，按Enter键确定操作，如图7-118所示，在"图层"控制面板中生成新的图层并将其命名为"挂式空调"。

（6）用相同的方法置入"03～07"文件，效果如图7-119所示，在"图层"控制面板中生成新的图层并分别命名为"立式空调""热水器""洗衣机""烤箱"和"冰箱"。

图7-115   图7-116 图7-117   图7-118   图7-119

（7）选择"背景"图层，单击"图层"控制面板下方的"创建新图层"按钮 ▣，生成新的图层并将其命名为"阴影"。设置前景色为黑色。选择"画笔"工具 ✎，在属性栏中选择"画笔预设"选项，在弹出的面板中选择需要的画笔图形，如图7-120所示，在图像窗口中拖曳鼠标指针，添加阴影。在"图层"控制面板中，将图层的"混合模式"选项设置为"正片叠底"，如图7-121所示。按Enter键确定操作，效果如图7-122所示。

148

（8）单击"图层"控制面板下方的"创建新图层"按钮 ▣，生成新的图层并将其命名为"投影"。设置前景色为灰绿色（69、85、75）。选择"画笔"工具 ✎，在属性栏中选择"画笔预设"选项，在弹出的面板中选择需要的画笔图形，并在属性栏中设置"不透明度"选项为50%。在图像窗口中拖曳鼠标指针，添加投影。在"图层"控制面板中，设置"不透明度"选项为80%。按Enter键确定操作，效果如图7-123所示。

图7-120   图7-121   图7-122   图7-123

（9）选择"阴影"图层，按住Shift键的同时，单击"冰箱"图层，将需要的图层同时选取。按Ctrl+G组合键，群组图层并将其命名为"电器"。使用上述方法置入"08"文件，效果如图7-124所示，在"图层"控制面板中生成新的图层并将其命名为"logo"。

（10）选择"横排文字"工具 T.，在图像窗口中输入需要的文字并选取文字。选择"窗口 → 字符"命令，打开"字符"面板，在"字符"面板中，将"颜色"设置为白色，其他选项的设置如图7-125所示。按Enter键确定操作，效果如图7-126所示，在"图层"控制面板中生成新的文字图层。

图7-124　　　　　　　　图7-125　　　　　　　　图7-126

（11）单击"图层"控制面板下方的"添加图层样式"按钮 fx.，在弹出的菜单中选择"描边"命令。在弹出的对话框中，将"描边"颜色设置为豆绿色（126、183、168），其他选项的设置如图7-127所示。选择对话框左侧的"投影"命令，切换到相应的对话框，将"投影"颜色设置为军绿色（77、99、87），其他选项的设置如图7-128所示。单击"确定"按钮，为文字添加效果。

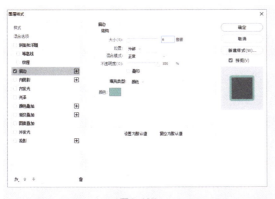
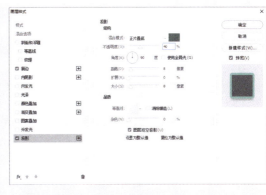

图7-127　　　　　　　　　　　　　　　　图7-128

（12）选择"文件 → 置入嵌入对象"命令，弹出"置入嵌入的对象"对话框。选择云盘中的"Ch07 → 7.4.3课堂案例——设计家电平台初春换新手机端活动专题页 → 素材 → 09"文件，单击"置入"按钮，将图片置入图像窗口中。拖曳其到适当的位置并调整大小，按Enter键确定操作，如图7-129所示，在"图层"控制面板中生成新的图层并将其命名为"标签"。

（13）选择"横排文字"工具 T.，在图像窗口中输入需要的文字并选取文字。在"字符"面板中，将"颜色"设置为红色（238、63、77），并设置合适的字体和字号。按Enter键确定操作，效果如图7-130所示，在"图层"控制面板中生成新的文字图层。

（14）单击“图层”控制面板下方的“添加图层样式”按钮 fx.，在弹出的菜单中选择“投影”命令。在弹出的对话框中，将“投影”颜色设置为米黄色（255、246、235），其他选项的设置如图7-131所示。单击“确定”按钮，为文字添加效果。按住Shift键的同时，单击“矩形 1”图层，将需要的图层同时选取。按Ctrl+G组合键，群组图层并将其命名为“海报”。

图7-129

图7-130

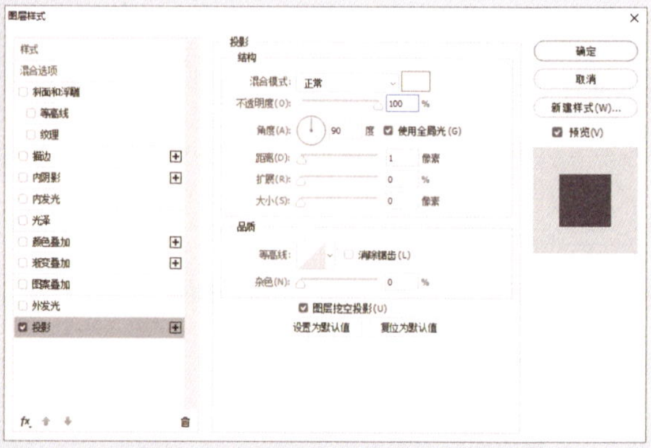

图7-131

2. 制作优惠券

（1）选择“视图 → 新建参考线版面”命令，弹出“新建参考线版面”对话框，勾选“列”复选框，设置“数字”为5，“宽度”为32px，“装订线”为160px，勾选“边距”复选框，设置上边距为2900px，左边距和右边矩各为40px，如图7-132所示。单击“确定”按钮，完成参考线版面的创建。

（2）选择“矩形”工具 □.，在属性栏中将“填充”颜色设置为暗绿色（107、167、151），“描边”颜色设置为无。在图像窗口中绘制一个矩形，效果如图7-133所示，在“图层”控制面板中生成新的图形图层“矩形2”。使用上述方法置入“10”文件、创建剪贴蒙版并添加效果，如图7-134所示，在“图层”控制面板中生成新的图层并将其命名为“树叶”。

（3）选择“移动”工具 ✥.，按Shift+Alt组合键，在图像窗口中水平向右拖曳图像到适当的位置，以复制图像，在“图层”控制面板中生成新的图层“树叶 拷贝”。按Ctrl+T组合键，在图像周围出现变换框，在变换框中单击鼠标右键，在弹出的菜单中选择“水平翻转”命令，水平翻转图像，按Enter键确定操作，效果如图7-135所示。

（4）选择“文件 → 置入嵌入对象”命令，弹出“置入嵌入的对象”对话框。选择云盘中的“Ch07 → 7.4.3课堂案例——设计家电平台初春换新手机端活动专题页 → 素材 → 11”文件，单击“置入”按钮，将图片置入图像窗口中。拖曳其到适当的位置并调整大小，按Enter键确定操作，如图7-136所示，在“图层”控制面板中生成新的图层并将其命名为“球”。

（5）选择“圆角矩形”工具 □.，在属性栏中将“填充”颜色设置为白色，“描边”颜色设置为无，“半径”选项设置为50px。在图像窗口中适当的位置绘制一个圆角矩形，效果如图7-137所示，在“图层”控制面板中生成新的图形图层“圆角矩形1”。

（6）单击“图层”控制面板下方的“添加图层样式”按钮 fx.，在弹出的菜单中选择“描边”命令。在弹出的对话框中，将“填充类型”选项设置为“渐变”，单击“渐变”选项右侧的“点按可编辑渐变”按钮，弹出“渐变编辑器”对话框，分别设置两个位置点颜色的RGB值为0

（167、113、46）、100（246、215、176），单击"确定"按钮，返回"描边"对话框，其他选项的设置如图7-138所示。

图7-132 图7-133 图7-134 图7-135 图7-136

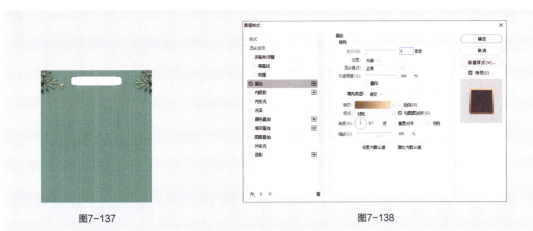

图7-137 图7-138

（7）选择对话框左侧的"内发光"命令，切换到相应的对话框，将"内发光"颜色设置为白色，其他选项的设置如图7-139所示。选择对话框左侧的"渐变叠加"命令，切换到相应的对话框，单击"渐变"选项右侧的"点按可编辑渐变"按钮 ，弹出"渐变编辑器"对话框。分别设置两个位置点颜色的RGB值为0（231、185、127）、100（250、238、221），单击"确定"按钮，返回"渐变叠加"对话框，其他选项的设置如图7-140所示。

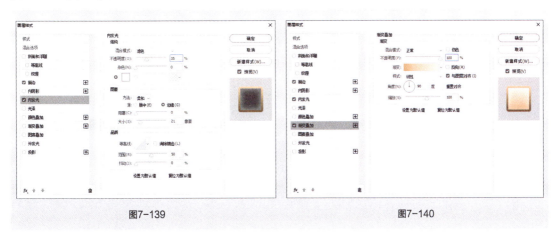

图7-139 图7-140

（8）选择对话框左侧的"投影"选项，切换到相应的对话框，将"投影"颜色设置为森绿色（45、58、53），其他选项的设置如图7-141所示。单击"确定"按钮，效果如图7-142所示。

（9）选择"横排文字"工具 **T.**，在图像窗口中输入需要的文字并选取文字。在"字符"面板中，将"颜色"设置为红色（238、63、77），并设置合适的字体和字号。按Enter键确定操作，效果如图7-143所示，在"图层"控制面板中生成新的文字图层。

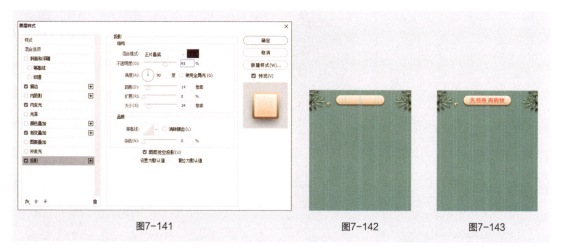

图7-141　　　　　　　　　图7-142　　　　　　　图7-143

（10）使用上述方法绘制图形并添加效果，如图7-144所示。选择"文件 → 置入嵌入对象"命令，弹出"置入嵌入的对象"对话框，选择云盘中的"Ch07 → 7.4.3课堂案例——设计家电平台初春换新手机端活动专题页 → 素材 → 12"文件，单击"置入"按钮，将图片置入图像窗口中。拖曳其到适当的位置并调整大小，按Enter键确定操作，在"图层"控制面板中生成新的图层并将其命名为"底纹"。按Ctrl+Alt+G组合键，为图层创建剪贴蒙版，效果如图7-145所示。

152

（11）选择"椭圆"工具 **○.**，在属性栏中将"填充"颜色设置为白色，"描边"颜色设置为无。按住Shift键的同时，在图像窗口中适当的位置绘制一个圆形，效果如图7-146所示，在"图层"控制面板中生成新的图形图层"椭圆 2"。

图7-144　　　　　　　　图7-145　　　　　　　图7-146

（12）单击"图层"控制面板下方的"添加图层样式"按钮 **fx.**，在弹出的菜单中选择"渐变叠加"命令，在弹出的对话框中，单击"渐变"选项右侧的"点按可编辑渐变"按钮 ，弹出"渐变编辑器"对话框。分别设置两个位置点颜色的RGB值为0（45、111、94）、100（107、167、151），单击"确定"按钮，返回"渐变叠加"对话框，其他选项的设置如图7-147所示。

（13）选择对话框左侧的"投影"命令，切换到相应的对话框，将"投影"颜色设置为中绿色（45、111、94），其他选项的设置如图7-148所示。单击"确定"按钮，为图形添加效果。

| 图7-147 | 图7-148 |

（14）使用上述方法，绘制图形、输入文字并添加效果，如图7-149所示。按住Shift键的同时，单击"椭圆 1"图层，将需要的图层同时选取。按Ctrl+G组合键，群组图层并将其命名为"券1"。使用上述方法制作"券2"和"券3"图层组，效果如图7-150所示。

图7-149

图7-150

（15）使用上述方法，制作"会员专享""组 1"和"组 2"图层组，如图7-151所示，效果如图7-152所示。选择"券 3"图层组，选择"矩形"工具 ▢，在属性栏中将"填充"颜色设置为白色，"描边"颜色设置为无。在图像窗口中绘制一个矩形，效果如图7-153所示，在"图层"控制面板中生成新的图形图层"矩形3"。

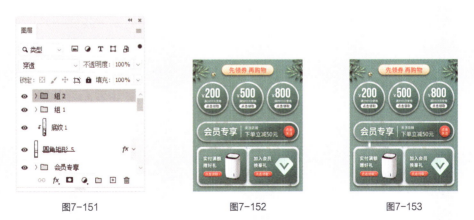

| 图7-151 | 图7-152 | 图7-153 |

（16）单击"图层"控制面板下方的"添加图层样式"按钮 fx，在弹出的菜单中选择"渐变叠加"命令，在弹出的对话框中，单击"渐变"选项右侧的"点按可编辑渐变"按钮，弹出

"渐变编辑器"对话框。分别设置两个位置点颜色的RGB值为0（45、111、94）、100（167、214、204），单击"确定"按钮，返回"渐变叠加"对话框，其他选项的设置如图7-154所示。单击"确定"按钮，效果如图7-155所示。

（17）使用相同的方法，制作其他图层，效果如图7-156所示。选择"组 2"图层组，按住Shift键的同时，单击"矩形 2"图层，将需要的图层同时选取，按Ctrl+G组合键，群组图层并将其命名为"优惠券"。

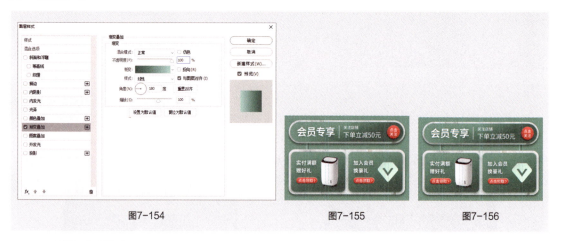

图7-154　　　　　　　图7-155　　　　　　　图7-156

3. 制作活动模块

（1）选择"视图 → 新建参考线"命令，弹出"新建参考线"对话框。在距离上方参考线2504px的位置新建一条水平参考线，设置如图7-157所示。单击"确定"按钮，完成一条水平参考线的新建。

（2）选择"矩形"工具 ▢，在属性栏中将"填充"颜色设置为暗绿色（107、167、151），"描边"颜色设置为无。在图像窗口中绘制一个矩形，效果如图7-158所示，在"图层"控制面板中生成新的图形图层"矩形 4"。

（3）展开"优惠券"图层组，选择"球"图层，按住Shift键的同时，单击"树叶"图层，将需要的图层同时选取。按Ctrl+J组合键，复制图层，在"图层"控制面板中分别生成新的图层"树叶 拷贝 2""树叶 拷贝 3"和"球 拷贝"。将复制好的图层拖曳到"矩形 4"图层的上方，如图7-159所示。选择"移动"工具 ✛，按住Shift键的同时，在图像窗口中垂直向下拖曳复制好的图像到适当的位置。

（4）选择"球 拷贝"图层，在图像窗口中将其拖曳到适当的位置，效果如图7-160所示。使用上述方法，置入文件并复制图像到适当的位置，效果如图7-161所示。

（5）选择"圆角矩形 1"图层，按住Shift键的同时，单击文字图层，将其同时选取。按Ctrl+J组合键，复制图层。在"图层"控制面板中分别生成新的图层并拖曳到控制面板的上方。选择"移动"工具 ✛，按住Shift键的同时，在图像窗口中将复制好的图像垂直向下拖曳到适当的位置，效果如图7-162所示。双击选中图像窗口中需要修改的文字，并对其进行修改，效果如图7-163所示。

（6）选择"文件 → 置入嵌入对象"命令，弹出"置入嵌入的对象"对话框。选择云盘中的"Ch07 → 7.4.3课堂案例——设计家电平台初春换新手机端活动专题页 → 素材 → 17"文件，单击"置入"按钮，将图片置入图像窗口中。拖曳其到适当的位置并调整大小，按Enter键确定操作，效果如图7-164所示，在"图层"控制面板中生成新的图层并将其命名为"台面"。

（7）按Ctrl+J组合键，复制图层，在"图层"控制面板中生成新的图层"台面 拷贝"，并将其拖曳到"台面"图层的下方，设置"不透明度"选项为87％，按Enter键确定操作。按Ctrl+T组合键，在图像周围出现变换框，拖曳"台面 拷贝"图像到适当的位置并调整大小，按Enter键确定操作，效果如图7-165所示。

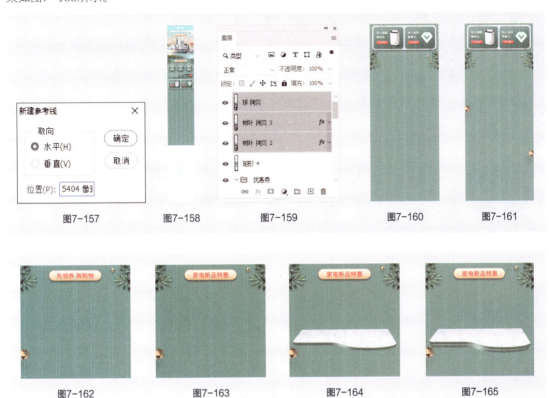

图7-157 图7-158 图7-159 图7-160 图7-161

图7-162 图7-163 图7-164 图7-165

（8）单击"图层"控制面板下方的"添加图层样式"按钮 *fx*，在弹出的菜单中选择"颜色叠加"命令，在弹出的对话框中，将"叠加"颜色设置为乌绿色（34、71、61），其他选项的设置如图7-166所示。单击"确定"按钮，效果如图7-167所示。

（9）选择"滤镜 → 模糊 → 高斯模糊"命令，弹出"高斯模糊"对话框，将"半径"选项设置为26px，单击"确定"按钮，效果如图7-168所示。

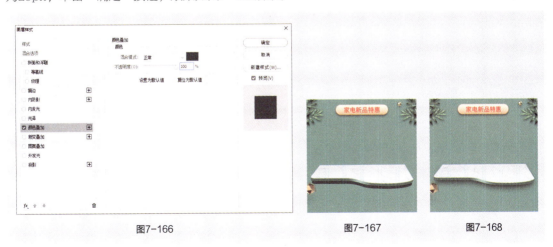

图7-166 图7-167 图7-168

（10）选择"圆角矩形"工具 □，在图像窗口中适当的位置绘制一个圆角矩形，在"图层"控制面板中生成新的图形图层"圆角矩形8"。在"属性"面板中，将"填充"颜色设置为逸绿色（144、199、184），"描边"颜色设置为无，其他选项的设置如图7-169所示，效果如图7-170所示。

（11）选择"椭圆"工具 ○，在属性栏中将"填充"颜色设置为无，"描边"颜色设置为水绿色（177、220、210），"描边"粗细设置为60px。按住Shift键的同时，在图像窗口中适当的位置绘制一个圆形，在"图层"控制面板中生成新的图形图层"椭圆 4"。按Ctrl+Alt+G组合键，为图层创建剪贴蒙版，效果如图7-171所示。

（12）在"图层"控制面板的上方，设置"不透明度"选项为50%。按Ctrl+J组合键，复制图层，在"图层"控制面板中生成新的图层"椭圆 4 拷贝"。按Ctrl+T组合键，在图像周围出现变换框，按住Alt键的同时，拖曳变换框右上角的控制手柄等比例缩小图形，按Enter键确定操作。按Ctrl+Alt+G组合键，为图层创建剪贴蒙版，效果如图7-172所示。

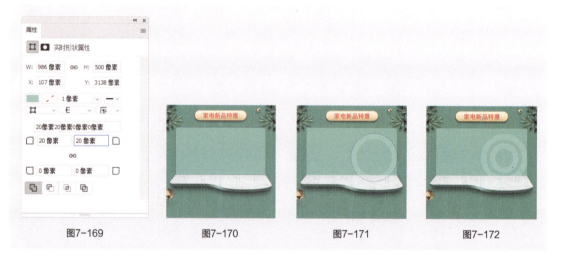

| 图7-169 | 图7-170 | 图7-171 | 图7-172 |

（13）使用上述方法，绘制图形，效果如图7-173所示。单击"图层"控制面板下方的"添加图层样式"按钮 fx，在弹出的菜单中选择"渐变叠加"命令，在弹出的对话框中，单击"渐变"选项右侧的"点按可编辑渐变"按钮 ▢ ，弹出"渐变编辑器"对话框。分别设置两个位置点颜色的RGB值为0（0、0、0）、100（230、230、230），单击"确定"按钮，返回"渐变叠加"对话框，其他选项的设置如图7-174所示。单击"确定"按钮，效果如图7-175所示。

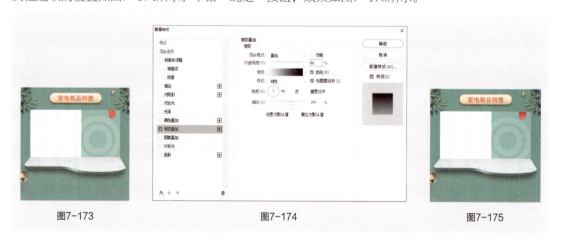

| 图7-173 | 图7-174 | 图7-175 |

（14）选择"横排文字"工具 T.，在图像窗口中分别输入需要的文字并选取文字。在"字符"面板中，将"颜色"设置为白色和中绿色（45、111、94），并设置合适的字体和字号。按Enter键确定操作，效果如图7-176所示，在"图层"控制面板中分别生成新的文字图层。

（15）选择"文件 → 置入嵌入对象"命令，弹出"置入嵌入的对象"对话框。选择云盘中的"Ch07 → 7.4.3课堂案例——设计家电平台初春换新手机端活动专题页 → 素材 → 18"文件，单击"置入"按钮，将图片置入图像窗口中。拖曳其到适当的位置并调整大小，按Enter键确定操作，效果如图7-177所示，在"图层"控制面板中生成新的图层并将其命名为"立减"。

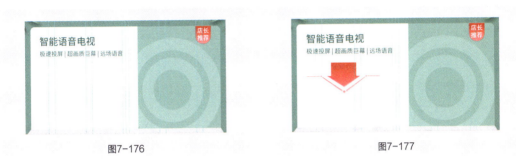

图7-176　　　　　　　　　　　　　图7-177

（16）选择"横排文字"工具 T.，在图像窗口中分别输入需要的文字并选取文字。在"字符"面板中，将"颜色"设置为黑紫色（54、53、54）和白色，并设置合适的字体和字号。按Enter键确定操作，效果如图7-178所示，在"图层"控制面板中分别生成新的文字图层。

（17）按住Shift键的同时，单击"立减"图层，将需要的图层同时选取，按Ctrl+G组合键，群组图层并将其命名为"价格曲线"，如图7-179所示。使用上述方法制作"价格按钮"图层组，效果如图7-180所示。

图 7-178　　　　　　　　　　图 7-179　　　　　　　　　　图 7-180

（18）使用上述方法，置入图片并添加投影效果，如图7-181所示。按Ctrl+J组合键，复制图层。在"图层"控制面板中生成新的图层"电视 拷贝"，并将其拖曳到"电视"图层的下方。在"电视 拷贝"图层上单击鼠标右键，在弹出的菜单中选择"清除图层样式"命令，清除图层样式。

（19）按Ctrl+T组合键，在图像周围出现变换框，在变换框中单击鼠标右键，在弹出的菜单中选择"垂直翻转"命令。按住Shift键的同时，向下垂直拖曳图像到适当的位置，按Enter键确定操作，效果如图7-182所示。

（20）在"图层"控制面板中，将"混合模式"选项设置为"正片叠底"，"不透明度"选项设置为60%，按Enter键确定操作，效果如图7-183所示。单击"图层"控制面板下方的"添加矢量蒙版"按钮 □ ，选择"渐变"工具 ■，由下至上拖曳渐变色，效果如图7-184所示。

图7-181　　　　　图7-182　　　　　图7-183　　　　　图7-184

（21）选择"滤镜 → 模糊 → 高斯模糊"命令，弹出"高斯模糊"对话框，选项的设置如图7-185所示。单击"确定"按钮，效果如图7-186所示。

（22）选择"电视"图层。按住Shift键的同时，单击"台面 拷贝"图层，将需要的图层同时选取。按Ctrl+G组合键，群组图层并将其命名为"电视"。使用上述方法制作"洗衣机"和"微波炉"图层组，如图7-187所示，效果如图7-188所示。按住Shift键的同时，单击"矩形 4"图层，将需要的图层同时选取，按Ctrl+G组合键，群组图层并将其命名为"新品特惠"。

图7-185　　　　　图7-186　　　　　图7-187　　　　　图7-188

4. 制作商品展示模块

（1）使用上述方法绘制图形、复制图像并修改文字，效果如图7-189所示。选择"圆角矩形"工具 □，在属性栏中将"填充"颜色设置为白色，"描边"颜色设置为无，"半径"选项设置为40px。在图像窗口中适当的位置绘制一个圆角矩形，如图7-190所示，在"图层"控制面板中生成新的图形图层"圆角矩形13"。

（2）单击"图层"控制面板下方的"添加图层样式"按钮 ƒ，在弹出的菜单中选择"投影"命令，在弹出的对话框中，将"投影"颜色设置为中绿色（45、111、94），其他选项的设置如图7-191所示。单击"确定"按钮，为图形添加效果。使用上述方法置入图片、绘制图形并添加效果，效果如图7-192所示。

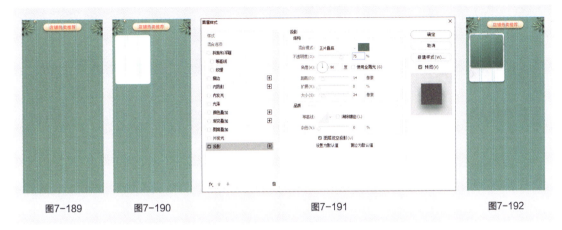

图7-189   图7-190   图7-191   图7-192

（3）选择"椭圆"工具 ○.，在属性栏中将"填充"颜色设置为中绿色（45、111、94），"描边"颜色设置为无。在图像窗口中适当的位置绘制一个椭圆形，效果如图7-193所示，在"图层"控制面板中生成新的图形图层"椭圆 5"。选择"矩形"工具 □.。按住Shift键的同时，绘制一个矩形，效果如图7-194所示。使用上述方法，为图形添加效果，如图7-195所示。

（4）使用上述方法置入"22"文件，在"图层"控制面板中生成新的图层并将其命名为"底纹2"。设置"不透明度"选项为74%，按Enter键确定操作。按Ctrl+Alt+G组合键，为图层创建剪贴蒙版，效果如图7-196所示。

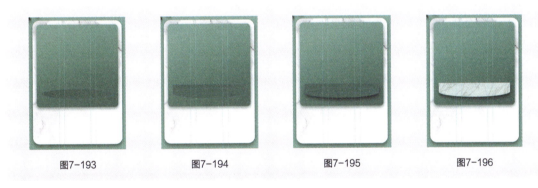

图7-193   图7-194   图7-195   图7-196

（5）选择"移动"工具 ✛.，按住Shift键的同时，单击"椭圆 5"图层，将其同时选取。按Shift+Alt组合键，垂直向上复制图形到适当的位置。在选中的图层上单击鼠标右键，在弹出的菜单中选择"清除图层样式"命令，清除图层样式，效果如图7-197所示。

（6）选择"路径选择"工具 ▶.，选中矩形，按Delete键将其删除，效果如图7-198所示。选中"底纹2 拷贝"图层。使用上述方法置入图片、添加阴影效果和投影，如图7-199所示。

（7）单击"图层"控制面板下方的"创建新的填充或调整图层"按钮 ◉.，在弹出的菜单中选择"亮度/对比度"命令，在"图层"控制面板中生成"亮度/对比度1"图层，同时在弹出的面板中进行设置，如图7-200所示，按Enter键确定操作。

（8）使用上述方法绘制圆角矩形、添加效果并输入文字，如图7-201所示。按住Shift键的同时，单击"圆角矩形 14"图层，将需要的图层同时选取。按Ctrl+G组合键，群组图层并将其命名为"多功能料理锅"。

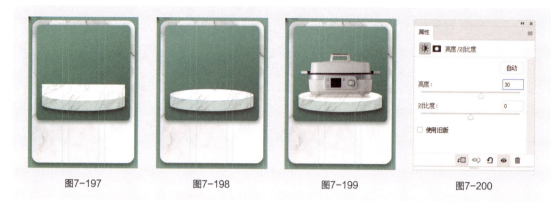

图7-197　　　　　　　图7-198　　　　　　　图7-199　　　　　　　图7-200

（9）选择"横排文字"工具 T.，在图像窗口中输入需要的文字并选取文字。在"字符"面板中，将"颜色"设置为中绿色（45、111、94），并设置合适的字体和字号。按Enter键确定操作，在"图层"控制面板中生成新的文字图层。使用上述方法制作"价格按钮"图层组，效果如图7-202所示。

（10）按住Shift键的同时，单击"圆角矩形 13"图层，将需要的图层同时选取。按Ctrl+G组合键，群组图层并将其命名为"热卖 1"。使用上述方法制作其他图层组，效果如图7-203所示。按住Shift键的同时，单击"矩形 5"图层，将需要的图层同时选取，按Ctrl+G组合键，群组图层并将其命名为"热卖推荐"，如图7-204所示，效果如图7-205所示。

（11）选择"文件 → 导出 → 存储为Web所用格式(旧版)"命令，在弹出的对话框中进行设置，单击"存储"按钮，导出效果图。家电平台初春换新手机端活动专题页设计完成。

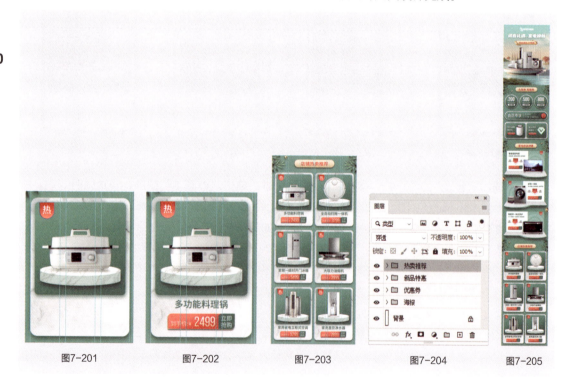

图7-201　　　　　　图7-202　　　　　　图7-203　　　　　　图7-204　　　　　　图7-205

7.5 课堂练习——设计坚果店铺年货盛典 PC 端活动专题页

【**练习知识要点**】使用Photoshop的绘图工具、文字工具设计坚果店铺年货盛典PC端活动专题页，最终效果如图7-206所示。

【**效果文件位置**】云盘/Ch07/7.5课堂练习——设计坚果店铺年货盛典PC端活动专题页/工程文件.psd。

图 7-206

设计坚果店铺年货盛典 PC 端活动专题页 1

设计坚果店铺年货盛典 PC 端活动专题页 2

设计坚果店铺年货盛典 PC 端活动专题页 3

设计坚果店铺年货盛典 PC 端活动专题页 4

设计坚果店铺年货盛典 PC 端活动专题页 5

设计坚果店铺年货盛典 PC 端活动专题页 6

7.6 课后习题——设计坚果店铺年货盛典手机端活动专题页

【**习题知识要点**】使用Photoshop的绘图工具、文字工具设计坚果店铺年货盛典手机端活动专题页，最终效果如图7-207所示。

【**效果文件位置**】云盘/Ch07/7.6课后习题——设计坚果店铺年货盛典手机端活动专题页/工程文件.psd。

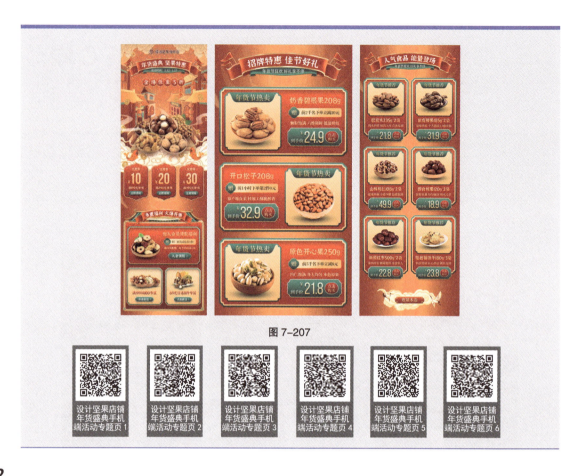

图 7-207

设计坚果店铺
年货盛典手机
端活动专题页 1

设计坚果店铺
年货盛典手机
端活动专题页 2

设计坚果店铺
年货盛典手机
端活动专题页 3

设计坚果店铺
年货盛典手机
端活动专题页 4

设计坚果店铺
年货盛典手机
端活动专题页 5

设计坚果店铺
年货盛典手机
端活动专题页 6

第 8 章

08

PC 端店铺首页设计

第8章简介

▶ 本章介绍

　　PC端店铺首页设计是电商视觉设计任务中的综合型工作任务，精心设计的PC端店铺首页能够向消费者传达品牌感和加强消费者对店铺的信任感。本章针对PC端店铺首页的基本概念以及设计规则等基础知识进行系统讲解，并针对流行风格与典型行业的PC端店铺首页进行设计演练。通过学习本章，学生可以了解PC端店铺首页的设计思路，掌握其制作方法。

▶ 学习引导

知识目标

- 了解PC端店铺首页的基本概念
- 明确PC端店铺首页的设计规则

素养目标

- 培养综合处理问题的能力
- 培养商业设计思维

能力目标

- 熟悉PC端店铺首页的设计思路
- 掌握PC端店铺首页的制作方法

8.1 PC 端店铺首页概述

店铺首页是消费者进入店铺时看到的第一张展示页面，具有展现品牌气质、承担流量分发的功能和作用。设计精美的店铺首页不仅可以提升消费者对店铺的好感，还可以提高商品转化率，因此需要设计师对其用心设计。

PC端店铺首页的宽度为1920px，高度不限，其设计可以根据商家的不同需要和后台装修模块进行组合变化。PC端店铺首页的核心部分通常由店招与导航栏、轮播海报、优惠券、分类模块、商品展示和底部信息构成，如图8-1所示。

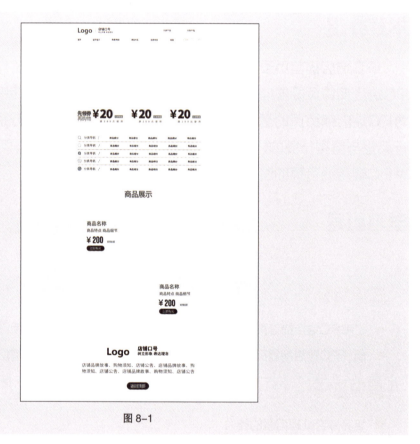

图 8-1

8.2 店招与导航栏设计

店招与导航栏位于PC端店铺首页顶部，是店铺的门面，引领着整个店铺的风格，因此在设计上需要将其设计得新颖、别致。

8.2.1 店招与导航栏的基本概念

店招即店铺的招牌，主要用于展示店铺品牌、活动内容和特价商品等内容；导航栏则是对商品进行的分类，用于帮助消费者定位到当前位置、完成页面之间的跳转并快速找到商品。店招与导航栏如图8-2所示。

图 8-2

8.2.2 店招与导航栏的设计规则

- 店招：以淘宝为例，店招可以分为常规店招和通栏店招两类，常规店招尺寸为950px×120px；通栏店招尺寸建议为1920px×150px。
- 导航栏：导航栏高度可以为10px ～50px，建议为30px；导航栏字体建议为黑体和宋体，字体为黑体时字号建议为14px、16px，字体为宋体时字号建议为12px、14px；字间距建议为20px。

8.2.3 课堂案例——设计实木家具 PC 端店铺首页店招与导航栏

【案例学习目标】学习使用Photoshop的绘图工具、文字工具设计实木家具PC端店铺首页店招与导航栏。

【案例知识要点】使用"新建参考线"命令创建参考线，使用"置入嵌入对象"命令置入图片，使用"横排文字"工具添加文字，使用"矩形"工具、"直线"工具绘制基本图形。

【效果文件位置】云盘/Ch08/8.2.3课堂案例——设计实木家具PC端店铺首页店招与导航栏/工程文件.psd，如图8-3所示。

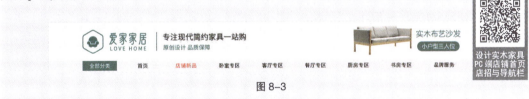

图 8-3

设计实木家具
PC 端店铺首页
店招与导航栏

（1）打开Photoshop，按Ctrl+N组合键，弹出"新建文档"对话框，设置"宽度"为1920px，"高度"为150px，"分辨率"为72px/in，"颜色模式"为RGB颜色，"背景内容"为白色，单击"创建"按钮，新建一个文件。

（2）选择"矩形"工具 □，在属性栏的"选择工具模式"选项中选择"图形"，将"填充"颜色设置为黑色，"描边"颜色设置为无。在图像窗口中适当的位置绘制矩形，在"图层"控制面板中生成新的图形图层"矩形1"。选择"窗口 → 属性"命令，弹出"属性"面板，在面板中进行设置，如图8-4所示，效果如图8-5所示。

（3）按Ctrl+R组合键，显示标尺。选择"视图 → 对齐到 → 全部"命令。在图像窗口左侧标尺上单击并按住鼠标左键，同时水平向右拖曳鼠标指针，拖曳到矩形左侧锚点的位置释放鼠标左键，完成参考线的创建。使用相同的方法，在矩形右侧锚点和中心点的位置分别创建参考线，效果如

图8-6所示。在"图层"控制面板中选中"矩形 1"图层，按Delete键将其删除。

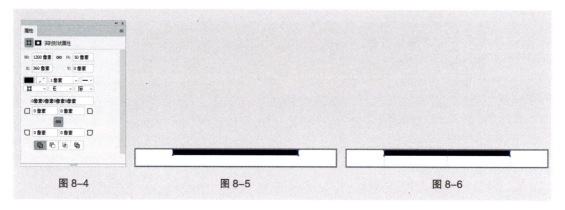

图 8-4　　　　　　　　　　图 8-5　　　　　　　　　　图 8-6

（4）选择"视图 → 新建参考线"命令，弹出"新建参考线"对话框，在120px的位置创建一条水平参考线，设置如图8-7所示。单击"确定"按钮，完成参考线的创建。

（5）选择"矩形"工具 □，在属性栏的"选择工具模式"选项中选择"图形"，将"填充"颜色设置为浅灰色（241、241、241），"描边"颜色设置为无。在图像窗口中绘制一个矩形，如图8-8所示，在"图层"控制面板中生成新的图形图层"矩形1"。

图 8-7　　　　　　　　　　　　　　　　　　图 8-8

（6）选择"文件 → 置入嵌入对象"命令，弹出"置入嵌入的对象"对话框。选择云盘中的"Ch08 → 8.2.3课堂案例——设计实木家具PC端店铺首页店招与导航栏 → 素材 → 01"文件，单击"置入"按钮，将图片置入图像窗口中，并将其拖曳到适当的位置，按Enter键确定操作，如图8-9所示，在"图层"控制面板中生成新的图层并将其命名为"logo"。

（7）选择"直线"工具 ∕，在属性栏中将"填充"颜色设置为无，"描边"颜色设置为中蓝色（15、121、131），"粗细"选项设置为2px。按住Shift键的同时，在适当的位置绘制直线，如图8-10所示，在"图层"控制面板中生成新的图形图层"图形1"。

（8）选择"横排文字"工具 T，在适当的位置分别输入需要的文字并选取文字。选择"窗口 → 字符"命令，打开"字符"面板，将"颜色"设置为深灰色（16、16、16）和中蓝色（15、121、131），并设置合适的字体和字号，效果如图8-11所示，在"图层"控制面板中分别生成新的文字图层。

图 8-9　　　　　　　　图 8-10　　　　　　　　　图 8-11

电商视觉设计（全彩慕课版）

166

（9）使用相同的方法置入"02"图片，如图8-12所示，在"图层"控制面板中生成新的图层并将其命名为"实木布艺沙发"。单击"图层"控制面板下方的"创建新的填充或调整图层"按钮 ●.，在弹出的菜单中选择"亮度/对比度"命令，在"图层"控制面板中生成"亮度/对比度 1"图层，同时弹出"属性"面板。打开"亮度/对比度"选项卡，单击"此调整影响下面的所有图层"按钮 ⫟□，使其转换为"此调整剪切到此图层"按钮 ⫠□，其他选项设置如图8-13所示。按Enter键确定操作，效果如图8-14所示。

图 8-12　　　　　　　　　图 8-13　　　　　图 8-14

（10）使用上述方法分别绘制图形并输入文字，效果如图8-15所示，在"图层"控制面板中分别生成新的图层。按住Shift键的同时，单击"矩形1"图层，将需要的图层同时选取。按Ctrl+G组合键，群组图层并将其命名为"店招"，如图8-16所示。

图 8-15　　　　　　　　　　图 8-16

（11）选择"矩形"工具 □.，在属性栏中，将"填充"颜色设置为淡灰色（234、235、239），"描边"颜色设置为无。在图像窗口中绘制一个矩形，在"图层"控制面板中生成新的图形图层"矩形2"。使用上述方法分别绘制图形并输入文字，效果如图8-17所示，在"图层"控制面板中分别生成新的图层。

图 8-17

（12）按住Shift键的同时，单击"矩形2"图层，将需要的图层同时选取。按Ctrl+G组合键，群组图层并将其命名为"导航栏"，如图8-18所示。按住Shift键的同时，单击"店招"图层组，将需要的图层组同时选取。按Ctrl+G组合键，群组图层组并将其命名为"店招与导航栏"，如图8-19所示。实木家具PC端店铺首页店招与导航栏设计完成。

图 8-18　　　　　　　　　　　　　　　图 8-19

8.3　轮播海报设计

轮播海报位于PC端店铺首页的店招与导航栏下方，是PC端店铺首页中非常醒目的部分，对它的设计同时也是PC端店铺首页设计的重中之重。

8.3.1　轮播海报的基本概念

轮播海报即多张海报循环播放，主要用于进行商品宣传和活动促销等任务，如图8-20所示。设计师应对每张海报的主题、构图和配色等因素进行综合考虑和设计。

图 8-20

8.3.2　轮播海报的设计规则

轮播海报的设计尺寸可以参考4.2节中的PC端全屏海报和PC端常规海报的设计尺寸。其他设计规则可以参考4.3节。

8.3.3　课堂案例——设计实木家具 PC 端店铺首页轮播海报

【案例学习目标】学习使用Photoshop的绘图工具、文字工具设计实木家具PC端店铺首页轮播海报。

【案例知识要点】使用"新建参考线"命令创建参考线，使用"置入嵌入对象"命令置入图片，使用"横排文字"工具添加文字，使用"圆角矩形"工具绘制基本图形，使用"创建剪贴蒙版"快捷键调整图片显示区域。

【**效果文件位置**】云盘/Ch08/8.3.3课堂案例——设计实木家具PC端店铺首页轮播海报/工程文件.psd，如图8-21所示。

图 8-21

（1）打开Photoshop，按Ctrl+O组合键，弹出"打开文件"对话框。选择云盘中的"Ch08 → 8.3.3课堂案例——设计实木家具PC端店铺首页轮播海报 → 素材 → 工程文件.psd"文件，如图8-22所示。

（2）使用前文介绍的方法，分别新建距离页面左侧360px、在页面居中及距离页面右侧360px的3条垂直参考线。

（3）选择"矩形"工具 ▢，在属性栏的"选择工具模式"选项中选择"图形"，将"填充"颜色设置为浅灰色（229、229、229），"描边"颜色设置为无。在图像窗口中绘制一个与页面大小相等的矩形，如图8-23所示，在"图层"控制面板中生成新的图形图层"矩形1"。

图 8-22

图 8-23

（4）选择"文件 → 置入嵌入对象"命令，弹出"置入嵌入的对象"对话框。选择云盘中的"Ch08 → 8.3.3课堂案例——设计实木家具PC端店铺首页轮播海报 → 素材 → 01"文件，单击"置入"按钮，将图片置入图像窗口中。将其拖曳到适当的位置并调整大小，按Enter键确定操作，在"图层"控制面板中生成新的图层并将其命名为"餐桌椅"，按Alt+Ctrl+G组合键，为图层创建剪贴蒙版，效果如图8-24所示。

（5）选择"视图 → 新建参考线"命令，弹出"新建参考线"对话框，在60px的位置创建一条水平参考线，设置如图8-25所示，单击"确定"按钮。使用相同的方法，在746px的位置再新建一条水平参考线。

（6）选择"圆角矩形"工具 ▢，在属性栏中将"填充"颜色设置为淡灰色（204、205、212），"描边"颜色设置为无，"半径"选项设置为20px，在图像窗口中绘制一个圆角矩形，在"图层"控制面板中生成新的图形图层"圆角矩形1"。在"图层"控制面板上方，设置"不透明度"选项为50%，效果如图8-26所示。

图8-24   图8-25   图8-26

（7）选择"横排文字"工具 **T.**，在适当的位置输入需要的文字并选取文字。选择"窗口 → 字符"命令，打开"字符"面板，将"颜色"设置为浅褐色（118、95、76），并设置合适的字体和字号，效果如图8-27所示。使用相同的方法，分别输入其他文字，设置填充颜色分别为深灰色（77、77、77）和玫红色（243、58、79），并分别设置合适的字体和字号，效果如图8-28所示，在"图层"控制面板中分别生成新的文字图层。

（8）按住Shift键的同时，单击"矩形1"图层，将需要的图层同时选取。按Ctrl+G组合键，群组图层并将其命名为"轮播海报2"，如图8-29所示。按住Shift键的同时，单击"轮播海报1"图层组，将需要的图层组同时选取。按Ctrl+G组合键，群组图层组并将其命名为"轮播海报"，如图8-30所示。实木家具PC端店铺首页轮播海报设计完成。

图8-27   图8-28   图8-29   图8-30

8.4 优惠券设计

优惠券位于PC端店铺首页的轮播海报下方，如果商家开通了店铺优惠券功能，则可以对优惠券进行个性化设计。

8.4.1 优惠券的基本概念

优惠券即减价优惠的凭证，发放优惠券是店铺常用的促销方式，也是吸引消费者进行二次消费的策略，如图8-31所示。

图 8-31

8.4.2　优惠券的设计规则

优惠券的内容一定要清晰，满减条件建议使用黑体，突出显示，这样便于消费者计算使用。

8.4.3　课堂案例——设计实木家具 PC 端店铺首页优惠券

【案例学习目标】学习使用Photoshop的绘图工具、文字工具设计实木家具PC端店铺首页优惠券。

【案例知识要点】使用"新建参考线"命令创建参考线，使用"横排文字"工具添加文字，使用"椭圆"工具、"圆角矩形"工具绘制基本图形，使用"添加图层样式"按钮为图形添加效果。

【效果文件位置】云盘/Ch08/8.4.3课堂案例——设计实木家具PC端店铺首页优惠券/工程文件.psd，如图8-32所示。

图 8-32

（1）打开Photoshop，按Ctrl+N组合键，弹出"新建文档"对话框，设置"宽度"为1920px，"高度"为602px，"分辨率"为72px/in，"颜色模式"为RGB颜色，"背景内容"为白色，单击"创建"按钮，新建一个文件。

（2）使用前文介绍的方法，分别新建距离页面左侧360px、在页面居中及距离页面右侧360px的3条垂直参考线。

（3）选择"矩形"工具 ，在属性栏的"选择工具模式"选项中选择"图形"，将"填充"颜色设置为浅灰色（241、241、241），"描边"颜色设置为无。在图像窗口中绘制一个与页面大小相等的矩形，如图8-33所示，在"图层"控制面板中生成新的图形图层"矩形1"。

（4）选择"视图 → 新建参考线"命令，弹出"新建参考线"对话框，在56px的位置创建一条水平参考线，设置如图8-34所示，单击"确定"按钮。使用相同的方法，在136px的位置再新建一条水平参考线。

（5）选择"横排文字"工具 **T.**，在适当的位置分别输入需要的文字并选取文字。选择"窗口 → 字符"命令，打开"字符"面板，将"颜色"设置为深灰色（29、29、29）和淡灰色（135、135、135），并设置合适的字体和字号，效果如图8-35所示，在"图层"控制面板中分别生成新的文字图层。

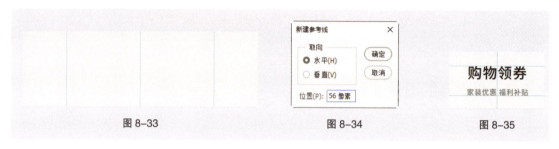

图 8-33　　　　　　　　　　　　图 8-34　　　　　　　　　　　　图 8-35

（6）选择"椭圆"工具 **○.**，按住Shift键的同时，在图像窗口中绘制一个圆形，在属性栏中将"填充"颜色设置为中黄色（251、198、73），"描边"颜色设置为无，如图8-36所示，在"图层"控制面板中生成新的图形图层"椭圆1"。使用相同的方法，再绘制一个圆形，在属性栏中将"填充"颜色设置为无，"描边"颜色设置为中蓝色（120、177、197），"粗细"选项设置为4px，效果如图8-37所示，在"图层"控制面板中生成新的图形图层"椭圆2"。

（7）选择"移动"工具 **✛.**，按住Shift键的同时，选取绘制的两个圆形。按住Alt+Shift组合键的同时，水平向右拖曳圆形到适当的位置，以复制圆形，在"图层"控制面板中生成新的图形图层"椭圆1 拷贝"和"椭圆2 拷贝"。按Ctrl+T组合键，在图形周围出现变换框，在变换框内单击鼠标右键，在弹出的菜单中选择"水平翻转"命令，水平翻转图形，效果如图8-38所示。

（8）按住Shift键的同时，单击"购物领券"图层，将需要的图层同时选取。按Ctrl+G组合键，群组图层并将其命名为"标题"。

（9）使用上述方法新建两条水平参考线。选择"圆角矩形"工具 **○.**，在属性栏中将"填充"颜色设置为黑色，"描边"颜色设置为无，"半径"选项设置为30px，在图像窗口中绘制一个圆角矩形，效果如图8-39所示，在"图层"控制面板中生成新的图形图层"圆角矩形1"。

图 8-36　　　　　　　　图 8-37　　　　　　　　图 8-38　　　　　　　　图 8-39

（10）单击"图层"控制面板下方的"添加图层样式"按钮 **fx.**，在弹出的菜单中选择"渐变叠加"命令，弹出"渐变叠加"对话框，单击"渐变"选项右侧的"点按可编辑渐变"按钮 ，弹出"渐变编辑器"对话框。在"位置"选项中分别输入0、100两个位置点，分别设置两个位置点颜色的RGB值为0（119、176、196）、100（210、228、241），如图8-40所示。单击"确定"按钮，返回"渐变叠加"对话框，其他选项的设置如图8-41所示。单击"确定"按钮，效果如图8-42所示。

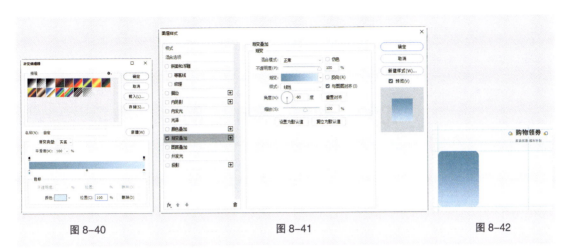

图 8-40   图 8-41   图 8-42

（11）选择"圆角矩形"工具 ◻.，在图像窗口中绘制一个圆角矩形，在属性栏中将"填充"颜色设置为浅灰色（241、241、241），"描边"颜色设置为无，"半径"选项设置为20px，效果如图8-43所示。选择"窗口 → 属性"命令，弹出"属性"面板，在面板中进行设置，如图8-44所示，效果如图8-45所示，在"图层"控制面板中生成新的图形图层"圆角矩形2"。

（12）选择"椭圆"工具 ◯.，单击"路径操作"按钮 ◻，在弹出的菜单中选择"合并图形"选项，在适当的位置绘制一个椭圆形，效果如图8-46所示。

（13）选择"横排文字"工具 T.，在适当的位置输入需要的文字并选取文字。在"字符"面板中，将"颜色"设置为黑色，并设置合适的字体和字号，效果如图8-47所示，在"图层"控制面板中生成新的文字图层。使用上述方法分别绘制图形并输入文字，效果如图8-48所示，在"图层"控制面板中分别生成新的图层。

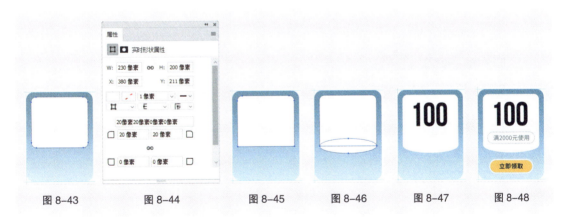

图 8-43   图 8-44   图 8-45   图 8-46   图 8-47   图 8-48

（14）按住Shift键的同时，单击"圆角矩形1"图层，将需要的图层同时选取。按Ctrl+G组合键，群组图层并将其命名为"券1"，如图8-49所示。

（15）使用上述方法分别绘制圆角矩形并输入文字，效果如图8-50所示，在"图层"控制面板中分别生成新的图层组。按住Shift键的同时，单击"矩形1"图层，将需要的图层同时选取。按Ctrl+G组合键，群组图层并将其命名为"优惠券"，如图8-51所示。实木家具PC端店铺首页优惠券设计完成。

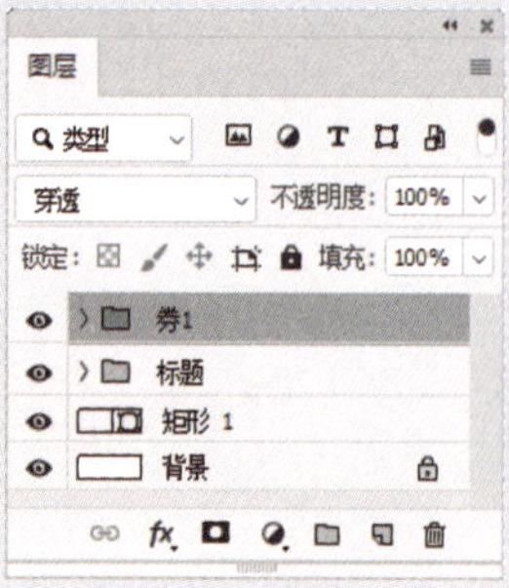

图 8-49    图 8-50 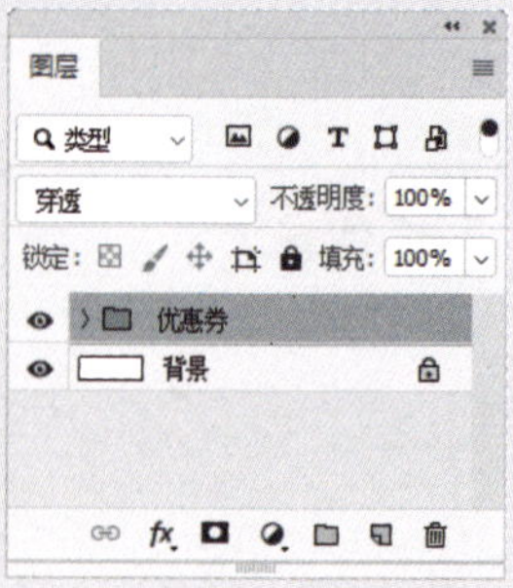   图 8-51

8.5 分类模块设计

分类模块位于PC端店铺首页的轮播海报或优惠券下方。后台装修的分类模块只能以纯文本形式显示，在视觉设计上会显得单一、枯燥，因此设计师可以根据店铺风格制作出美观的分类模块。

8.5.1 分类模块的基本概念

分类模块用于店铺商品的类别展示，是引导消费者购买商品的重要模块，如图8-52所示。

图 8-52

8.5.2 分类模块的设计规则

分类模块的设计需要符合店铺的整体装修风格。字体为黑体或粗宋，图标风格需要统一，图片如果横向分类，宽度应该控制在950px以内；图片如果纵向分类，高度应该控制为150px以内。另外，图标、图片与文案应该相互呼应。

8.5.3　课堂案例——设计实木家具 PC 端店铺首页分类模块

【**案例学习目标**】学习使用Photoshop的绘图工具、文字工具设计实木家具PC端店铺首页分类模块。

【**案例知识要点**】使用"新建参考线"命令创建参考线，使用"置入嵌入对象"命令置入图片，使用"横排文字"工具添加文字，使用"矩形"工具、"直线"工具和"圆角矩形"工具绘制基本图形，使用"创建剪贴蒙版"快捷键调整图片显示区域。

【**效果文件位置**】云盘/Ch08/8.5.3课堂案例——设计实木家具PC端店铺首页分类模块/工程文件.psd，如图8-53所示。

图 8-53

（1）打开Photoshop，按Ctrl+N组合键，弹出"新建文档"对话框，设置"宽度"为1920px，"高度"为1122px，"分辨率"为72px/in，"颜色模式"为RGB颜色，"背景内容"为白色，单击"创建"按钮，新建一个文件。

（2）使用前文介绍的方法，分别新建距离页面左侧360px、在页面居中及距离页面右侧360px的3条垂直参考线。

（3）选择"矩形"工具 ▯，在属性栏的"选择工具模式"选项中选择"图形"，将"填充"颜色设置为浅灰色（241、241、241），"描边"颜色设置为无。在图像窗口中绘制一个与页面大小相等的矩形，如图8-54所示，在"图层"控制面板中生成新的图形图层"矩形1"。

（4）选择"圆角矩形"工具 ▢，在图像窗口中绘制一个圆角矩形，在"图层"控制面板中生成新的图形图层"圆角矩形1"。在属性栏中将"填充"颜色设置为白色，"描边"颜色设置为无。选择"窗口 → 属性"命令，弹出"属性"面板，在面板中进行设置，如图8-55所示，按Enter键确定操作，效果如图8-56所示。

（5）选择"视图 → 新建参考线"命令，弹出"新建参考线"对话框，在56px的位置创建一条水平参考线，设置如图8-57所示，单击"确定"按钮。使用相同的方法，在136px的位置再新建一条水平参考线。使用上述方法，分别绘制图形并输入文字，效果如图8-58所示，在"图层"控制面板中生成新的图层组"标题"。

（6）使用上述方法再新建两条水平参考线。选择"矩形"工具 ▯，在属性栏中，将"填充"颜色设置为浅灰色（241、241、241），"描边"颜色设置为无。在图像窗口中绘制一个矩形，如图8-59所示，在"图层"控制面板中生成新的图形图层"矩形2"。

（7）选择"文件 → 置入嵌入对象"命令，弹出"置入嵌入的对象"对话框。选择云盘中的"Ch08 → 8.5.3课堂案例——设计实木家具PC端店铺首页分类模块 → 素材 → 01"文件，单击"置入"按钮，将图片置入图像窗口中。将其拖曳到适当的位置并调整大小，按Enter键确定操作，在"图层"控制面板中生成新的图层并将其命名为"单人沙发"。按Alt+Ctrl+G组合键，为图层创建剪贴蒙版，效果如图8-60所示。

| 图 8-54 | 图 8-55 | 图 8-56 |

| 图 8-57 | 图 8-58 | 图 8-59 | 图 8-60 |

（8）选择"横排文字"工具 **T.**，在适当的位置输入需要的文字并选取文字。在"字符"面板中，将"颜色"设置为中黑色（29、29、29），并设置合适的字体和字号，效果如图8-61所示，在"图层"控制面板中生成新的文字图层。

（9）使用上述方法置入"02"图标，如图8-62所示，在"图层"控制面板中生成新的图层并将其命名为"打开"。使用上述方法分别绘制图形并置入"03"图片，如图8-63所示，在"图层"控制面板中分别生成新的图层。

| 图 8-61 | 图 8-62 | 图 8-63 |

（10）单击"图层"控制面板下方的"创建新的填充或调整图层"按钮 ◑ ，在弹出的菜单中选择"色彩平衡"命令，在"图层"控制面板中生成"色彩平衡 1"图层，同时弹出"属性"面板。打开"色彩平衡"选项卡，单击"此调整影响下面的所有图层"按钮 ↴□ ，使其转换为"此调整剪切到此图层"按钮 ↴□ ，其他选项设置如图8-64所示。按Enter键确定操作，效果如图8-65所示。使用上述方法分别输入文字、绘制图形并添加渐变叠加效果，如图8-66所示，在"图层"控制面板中分别生成新的图层。

| 图 8-64 | 图 8-65 | 图 8-66 |

（11）使用上述方法分别输入文字并置入图标，效果如图8-67所示，在"图层"控制面板中分别生成新的图层。按住Shift键的同时，单击"矩形3"图层，将需要的图层同时选取。按Ctrl+G组合键，群组图层并将其命名为"桌子系列"，如图8-68所示。使用上述方法分别制作其他图层组，效果如图8-69所示，在"图层"控制面板中分别生成新的图层组。

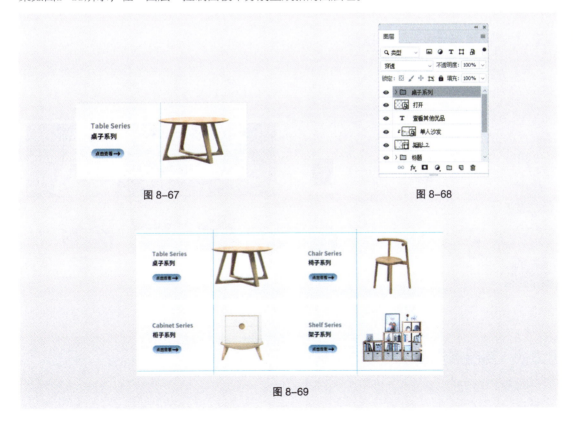

图 8-67　　　　　　　　　　　　　　　图 8-68

图 8-69

（12）按住Shift键的同时，单击"矩形2"图层，将需要的图层同时选取。按Ctrl+G组合键，群组图层并将其命名为"分类"。使用上述方法，分别创建参考线、置入图标并绘制图形，效果如图8-70所示，在"图层"控制面板中生成新的图层组"图标"。

（13）按住Shift键的同时，单击"矩形1"图层，将需要的图层同时选取。按Ctrl+G组合键，群组图层并将其命名为"分类模块"，如图8-71所示。实木家具PC端店铺首页分类模块设计完成。

图 8-70   图 8-71

8.6　商品展示模块设计

商品展示模块位于PC端店铺首页的优惠券或分类模块下方，它可以将店铺想要推荐的商品向消费者直接展示。

8.6.1　商品展示的基本概念

商品展示即对商品进行展示，用于向消费者展示热销商品、新款商品和推荐商品等内容，如图8-72所示。

图 8-72

8.6.2　商品展示模块的设计规则

商品展示模块的标题部分的设计形式通常是图形形式、图片形式或文案形式，如图8-73所示。

商品展示模块的内容部分需要选择店铺中美观且有代表性的商品进行展示，除此之外，设计师还可以选择临近下架的商品进行展示，以给这类商品优先展示的机会。关联的素材和整体背景需要相互搭配，并且需要符合店铺的风格。

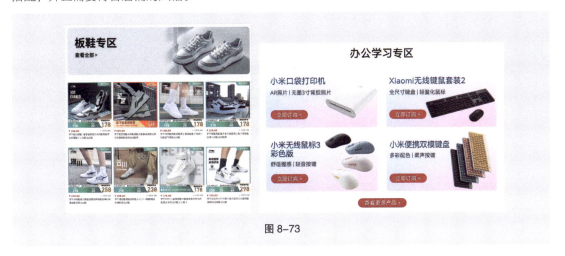

图8-73

商品展示模块的布局通常分为整体模块布局、主次模块布局或自由模块布局，如图8-74所示。

图8-74

8.6.3 课堂案例——设计实木家具 PC 端店铺首页商品展示模块

【**案例学习目标**】学习使用Photoshop的绘图工具、文字工具设计实木家具PC端店铺首页商品展示模块。

【**案例知识要点**】使用"新建参考线"命令创建参考线，使用"置入嵌入对象"命令置入图片，使用"横排文字"工具添加文字，使用"矩形"工具和"圆角矩形"工具绘制基本图形，使用"创建剪贴蒙版"快捷键调整图片显示区域。

【**效果文件位置**】云盘/Ch08/8.6.3课堂案例——设计实木家具PC端店铺首页商品展示模块/工程文件.psd，如图8-75所示。

设计实木家具
PC 端店铺首页
商品展示模块

图 8-75

（1）打开Photoshop，按Ctrl+N组合键，弹出"新建文档"对话框，设置"宽度"为1920px，"高度"为4340px，"分辨率"为72px/in，"颜色模式"为RGB颜色，"背景内容"为白色，单击"创建"按钮，新建一个文件。

（2）使用前文介绍的方法，分别新建距离页面左侧360px、在页面居中及距离页面右侧360px的3条垂直参考线。

（3）选择"视图 → 新建参考线"命令，弹出"新建参考线"对话框，在1238px的位置创建一条水平参考线，设置如图8-76所示，单击"确定"按钮。

（4）选择"圆角矩形"工具 ▢，在属性栏的"选择工具模式"选项中选择"图形"，将"填充"颜色设置为浅灰色（241、241、241），"描边"颜色设置为无，"半径"选项设置为100px。在图像窗口中绘制一个圆角矩形，在"图层"控制面板中生成新的图形图层"圆角矩形1"。选择"窗口 → 属性"命令，弹出"属性"面板，在面板中进行设置，如图8-77所示。按Enter键确定操作，效果如图8-78所示。

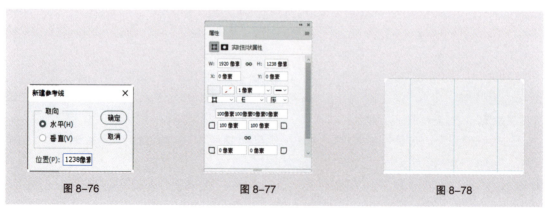

图 8-76   图 8-77   图 8-78

（5）使用上述方法，分别创建参考线、绘制图形并输入文字，效果如图8-79所示，在"图层"控制面板中生成新的图层组"标题"。

（6）使用上述方法再新建两条水平参考线。选择"矩形"工具 ▢，在属性栏中，将"填充"颜色设置为淡灰色（225、222、217），"描边"颜色设置为无。在图像窗口中绘制一个矩形，如图8-80所示，在"图层"控制面板中生成新的图形图层"矩形1"。

（7）选择"文件 → 置入嵌入对象"命令，弹出"置入嵌入的对象"对话框。选择云盘中的"Ch08 → 8.6.3课堂案例——设计实木家具PC端店铺首页商品展示模块 → 素材 → 01"文件，单击"置入"按钮，将图片置入图像窗口中。将其拖曳到适当的位置并调整大小，按Enter键确定操作，在"图层"控制面板中生成新的图层并将其命名为"装饰柜"。按Alt+Ctrl+G组合键，为图层创建剪贴蒙版，效果如图8-81所示。

图 8-79   图 8-80   图 8-81

（8）使用上述方法新建两条水平参考线。选择"横排文字"工具 T.，在适当的位置输入需要的文字并选取文字。选择"窗口 → 字符"命令，打开"字符"面板，将"颜色"设置为中蓝色（15、121、131）和淡灰色（135、135、135），并设置合适的字体和字号，效果如图8-82所示，在"图层"控制面板中生成新的文字图层。使用上述方法分别绘制图形并置入图标，效果如图8-83所示，在"图层"控制面板中分别生成新的图层。

（9）按住Shift键的同时，单击"矩形1"图层，将需要的图层同时选取。按Ctrl+G组合键，群组图层并将其命名为"装饰柜"。使用上述方法分别绘制图形、置入图片并输入文字，效果如图8-84所示，在"图层"控制面板中分别生成新的图层组。按住Shift键的同时，单击"圆角矩形 1"图层，将需要的图层同时选取。按Ctrl+G组合键，群组图层并将其命名为"热卖TOP"，如图8-85所示。

图 8-82   图 8-83   图 8-84   图 8-85

（10）使用上述方法新建两条水平参考线，并分别绘制图形、输入文字，效果如图8-86所示，在"图层"控制面板中生成新的图层组"标题"。使用上述方法分别新建参考线、绘制图形、置入图片并输入文字，效果分别如图8-87和图8-88所示，在"图层"控制面板中分别生成新的图层组。

图 8-86　　　　　　　　　　图 8-87　　　　　　　　　　图 8-88

（11）按住Shift键的同时，单击"标题"图层组，将需要的图层组同时选取。按Ctrl+G组合键，群组图层组并将其命名为"产品推荐"，如图8-89所示。按住Shift键的同时，单击"热卖TOP"图层组，将需要的图层组同时选取。按Ctrl+G组合键，群组图层组并将其命名为"商品展示"，如图8-90所示。实木家具PC端店铺首页商品展示模块设计完成。

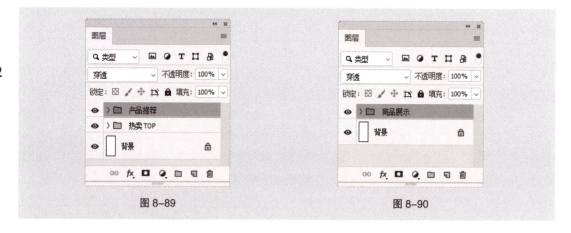

图 8-89　　　　　　　　　　　　　　　　　图 8-90

8.7 底部信息模块设计

底部信息模块虽然位于PC端店铺首页的最底部，但它是PC端店铺首页不可缺少的部分。

8.7.1 底部信息的基本概念

底部信息即展示的其他信息，如店铺品牌故事、购物须知和店铺公告等信息，如图8-91所示。

图 8-91

8.7.2　底部信息模块的设计规则

底部信息模块的主要功能是在为消费者提供方便的同时体现店铺的服务，设计时需使用简短的文字和具有代表性的图标展示相关的信息。

8.7.3　课堂案例——设计实木家具 PC 端店铺首页底部信息模块

【**案例学习目标**】学习使用Photoshop的绘图工具、文字工具设计实木家具PC端店铺首页底部信息模块。

【**案例知识要点**】使用"新建参考线"命令创建参考线，使用"置入嵌入对象"命令置入图片，使用"横排文字"工具添加文字，使用"矩形"工具和"圆角矩形"工具绘制基本图形，使用"创建剪贴蒙版"快捷键调整图片显示区域。

【**效果文件位置**】云盘/Ch08/8.7.3课堂案例——设计实木家具PC端店铺首页底部信息模块/工程文件.psd，如图8-92所示。

图 8-92

1. 设计实木家具 PC 端店铺首页底部信息模块

（1）打开Photoshop，按Ctrl+N组合键，弹出"新建文档"对话框，设置"宽度"为1920px，"高度"为1124px，"分辨率"为72px/in，"颜色模式"为RGB颜色，"背景内容"为白色，单击"创建"按钮，新建一个文件。

（2）使用前文介绍的方法，分别新建距离页面左侧360px、在页面居中及距离页面右侧360px的3条垂直参考线。

（3）选择"视图 → 新建参考线"命令，弹出"新建参考线"对话框，在1042px的位置创建一条水平参考线，设置如图8-93所示。单击"确定"按钮，完成参考线的创建。

（4）选择"矩形"工具 □，在属性栏的"选择工具模式"选项中选择"图形"，将"填充"颜色设置为黑色，"描边"颜色设置为无。在图像窗口中绘制一个矩形，如图8-94所示，在"图层"控制面板中生成新的图形图层"矩形1"。

（5）选择"文件 → 置入嵌入对象"命令，弹出"置入嵌入的对象"对话框。选择云盘中的"Ch08 → 8.7.3课堂案例——设计实木家具PC端店铺首页底部信息模块 → 素材 → 01"文件，单击"置入"按钮，将图片置入图像窗口中。将其拖曳到适当的位置并调整大小，按Enter键确定操作，在"图层"控制面板中生成新的图层并将其命名为"沙发椅"。按Alt+Ctrl+G组合键，为图层创建剪贴蒙版，效果如图8-95所示。

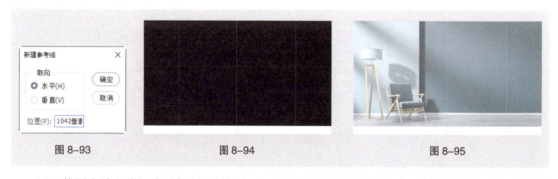

图 8-93   图 8-94   图 8-95

（6）使用上述方法新建两条水平参考线。选择"圆角矩形"工具 □，在属性栏中，将"填充"颜色设置为黑色，"描边"颜色设置为无，"半径"选项设置为60px。在图像窗口中绘制一个圆角矩形，如图8-96所示，在"图层"控制面板中生成新的图形图层"圆角矩形1"。使用上述方法置入"02"图像，在"图层"控制面板中生成新的图层并将其命名为"沙发"。按Alt+Ctrl+G组合键，为图层创建剪贴蒙版，效果如图8-97所示。

（7）使用上述方法置入"03"图像，在"图层"控制面板中生成新的图层并将其命名为"logo"。选择"横排文字"工具 T，在适当的位置输入需要的文字并选取文字。选择"窗口 → 字符"命令，打开"字符"面板，将"颜色"设置为白色，并设置合适的字体和字号，效果如图8-98所示，在"图层"控制面板中生成新的文字图层。

图 8-96   图 8-97   图 8-98

（8）选择"矩形"工具 □，在属性栏中，将"填充"颜色设置为浅灰色（234、235、239），"描边"颜色设置为无。在图像窗口中绘制一个矩形，如图8-99所示，在"图层"控制面板中生成新的图形图层"矩形2"。

（9）使用上述方法新建两条水平参考线。选择"圆角矩形"工具 ◻.，在属性栏中，将"填充"颜色设置为黑色，"描边"颜色设置为无，"半径"选项设置为20px。在图像窗口中绘制一个圆角矩形，如图8-100所示，在"图层"控制面板中生成新的图形图层"圆角矩形2"。

| 图8-99 | 图8-100 |

（10）使用上述方法为图形添加渐变效果并输入文字，效果如图8-101所示，在"图层"控制面板中生成新的文字图层。按住Shift键的同时，单击"矩形1"图层，将需要的图层同时选取。按Ctrl+G组合键，群组图层并将其命名为"底部信息"，如图8-102所示。实木家具PC端店铺首页底部信息模块设计完成。

| 图8-101 | 图8-102 |

2. 模块合并

（1）按Ctrl+N组合键，弹出"新建文档"对话框，设置"宽度"为1920px，"高度"为8138px，"分辨率"为72px/in，"颜色模式"为RGB颜色，"背景内容"为白色，单击"创建"按钮，新建一个文件。

（2）按Ctrl+O组合键，弹出"打开文件"对话框。选择云盘中的"Ch08 → 8.2.3课堂案例——设计实木家具PC端店铺首页店招与导航栏 → 工程文件.psd"文件，单击"打开"按钮，打开文件。拖曳文件中的"店招与导航栏"图层组到新建的图像窗口中适当的位置，如图8-103所示。使用相同的方法，分别合并上述制作完成的模块对应的图层组到新建的图像窗口中，"图层"控制面板中图层组的顺序如图8-104所示。PC端店铺首页整体效果制作完成。

（3）选择"文件 → 导出 → 存储为Web所用格式(旧版)"命令，在弹出的对话框中进行设置，单击"存储"按钮，导出效果图。实木家具PC端店铺首页设计完成。

图 8-103　　　　　　　　　　　　　　　　图 8-104

8.8　课堂练习——设计护肤品 PC 端店铺首页

【练习知识要点】使用Photoshop的绘图工具、文字工具设计护肤品PC端店铺首页，最终效果如图8-105所示。

【效果文件位置】云盘/Ch08/8.8课堂练习——设计护肤品PC端店铺首页/工程文件.psd。

图 8-105

设计护肤品 PC
端店铺首页 1

设计护肤品 PC
端店铺首页 2

设计护肤品 PC
端店铺首页 3

设计护肤品 PC
端店铺首页 4

设计护肤品 PC
端店铺首页 5

设计护肤品 PC
端店铺首页 6

8.9 课后习题——设计数码产品 PC 端店铺首页

【习题知识要点】使用Photoshop的绘图工具、文字工具设计数码产品PC端店铺首页，最终效果如图8-106所示。

【效果文件位置】云盘/Ch08/8.9课后习题——设计数码产品PC端店铺首页/工程文件.psd。

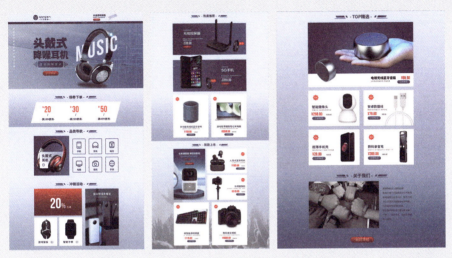

图 8-106

设计数码产品
PC端店铺首页1

设计数码产品
PC端店铺首页2

设计数码产品
PC端店铺首页3

设计数码产品
PC端店铺首页4

设计数码产品
PC端店铺首页5

设计数码产品
PC端店铺首页6

第 9 章

手机端店铺首页设计

第 9 章简介

▶ 本章介绍

　　随着移动互联网的发展及普及，消费者在手机端电商平台进行网购已经成为日常生活的一部分。因此，手机端店铺首页的设计对于所有商家而言都至关重要，是电商视觉设计任务中的核心工作。本章针对手机端店铺首页的基本概念和设计规则等基础知识进行系统讲解，并针对流行风格与典型行业的手机端店铺首页进行设计演练。通过学习本章，学生可以了解手机端店铺首页的设计思路，掌握其制作方法。

▶ 学习引导

知识目标

- 了解手机端店铺首页的基本概念
- 明确手机端店铺首页的设计规则

素养目标

- 培养商业设计思维
- 提高版式审美水平

能力目标

- 熟悉手机端店铺首页的设计思路
- 掌握手机端店铺首页的制作方法

9.1 手机端店铺概述

手机端网购的便利性和普遍性促使各大商家大力发展手机端店铺。下面分别从设计手机端店铺的必要性、手机端店铺与PC端店铺的区别和手机端店铺的设计关键点3个方面进行手机端店铺基础知识的讲解，帮助设计师了解手机端店铺。

9.1.1 设计手机端店铺的必要性

随着移动互联网的发展及普及，各大电商平台相继开发App，便于消费者使用手机端进行购物。因此，手机端店铺的设计对于商家至关重要。图9-1所示为手机端店铺示例。

图 9-1

9.1.2 手机端店铺与 PC 端店铺的区别

一些设计师会把PC端店铺的图片直接运用到手机端店铺中，这会产生尺寸不合适和呈现效果不理想等问题。下面就对手机端店铺和PC端店铺的区别展开介绍。

1. 设计尺寸不同

手机端店铺和PC端店铺的设计尺寸大有不同，设计师不能将设计好的PC端店铺图片照搬到手机端店铺，否则会产生界面混乱、显示不全和效果不佳等问题。以店铺首页为例，手机端店铺首页的宽度通常设计为1200px，而PC端店铺首页的宽度一般设计为1920px，如图9-2所示。

（a）手机端店铺首页1　　　　　　　（b）PC端店铺首页1

图 9-2

2. 页面布局不同

由于设计尺寸不同，手机端店铺与PC端店铺的页面布局也要有所区别，以此优化消费者在手机端店铺的浏览体验。如在PC端店铺使用左右布局的横版海报，在手机端店铺则需要将其设计成上下布局的竖版海报，如图9-3所示。

（a）手机端店铺首页2　　　　　　　　　　（b）PC端店铺首页2

图 9-3

3. 构成模块不同

手机端店铺的构成模块划分清晰，并且会根据设备特点加入更能吸引消费者的模块。如设计手机端店铺首页时，通常会在店招下方加入文字标题、店铺热搜和店铺会员等模块，较PC端店铺的模块更加丰富，如图9-4所示。

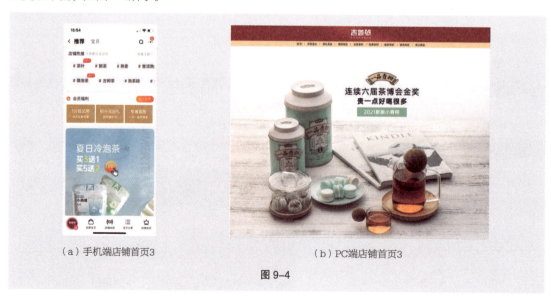

（a）手机端店铺首页3　　　　　　　　　　（b）PC端店铺首页3

图 9-4

4. 信息内容不同

由于手机端相比PC端尺寸缩小，手机端店铺需要在有限的空间进行设计，因此无法通过比较详细的文字说明商品，而更适合通过精炼的文案介绍商品，并且对重要信息进行加重处理或调整颜色以表示强调，如图9-5所示。

（a）手机端店铺首页信息内容

（b）PC端店铺首页信息内容

图 9-5

9.1.3　手机端店铺的设计关键点

消费者在手机端店铺购物得到了便捷的体验，但对于设计师来说，设计手机端店铺却面临着设备尺寸限制等挑战。因此在进行手机端店铺设计时，设计师应该掌握其设计关键点，才能事半功倍，下面分别讲解手机端店铺的4个设计关键点。

1. 符合浏览规范

为了保证消费者在手机端店铺购物的优质浏览体验，需要保证设计符合手机端的浏览规范。如设计尺寸、字号大小、图片尺寸和色彩搭配等都要按照手机端的浏览规范进行设计，避免出现浏览问题，降低消费者购物欲望。

2. 统一平台视觉

设计手机端店铺时虽然要根据手机端的特点对视觉进行调整，但也要注意与PC端店铺的视觉统一、呼应，不能令消费者感到手机端店铺和PC端店铺是两个不同的店铺。因此应保留相通的视觉元素，提升品牌关联性。

3. 进行页面统一

除了进行平台与平台之间的视觉统一，还需要保证页面本身以及页面之间的视觉统一。设计单个页面时，整个页面需要在视觉上和谐统一，并且各个页面之间也需要相互衔接，以便促成交易。

4. 合理运用模块

设计手机端店铺时不要为了丰富内容而加入大量模块，应根据店铺特点和活动要求，合理运用模块。整体信息量要合适，这样不会显得烦琐、杂乱，可以令消费者愉悦、轻松地进行浏览。

9.2　手机端店铺首页的设计规则

手机端店铺首页的宽度为1200px，高度不限，其设计模块可以根据商家的不同需要和后台装修模块进行组合变化。手机端店铺首页的核心模块通常由轮播海报、优惠券、分类模块、商品展示、底部信息等构成，如图9-6所示。

图 9-6

9.2.1 轮播海报的设计规则

手机端店铺首页的轮播海报是设计师正式进行设计的模块，其宽度为1200px，高度为120~2000px，支持.jpg或.png格式，大小不超过2MB，如图9-7所示。

9.2.2 优惠券的设计规则

手机端店铺首页的优惠券可以依据8.4节对PC端店铺首页的优惠券的讲解进行设计。需要注意的是，优惠券的设计尺寸、字号大小和色彩搭配要符合手机端的浏览规范，如图9-8所示。

图 9-7   图 9-8

9.2.3　分类模块的设计规则

在手机端店铺首页中，消费者的浏览方式是上下滑动浏览，因此在设计时会尽量减少大规模的点击交互，分类模块通常保留在商品类型丰富的手机端店铺首页中。手机端店铺首页的分类模块可以依据8.5节对PC端店铺首页的分类模块的讲解进行设计。需要注意的是，在设计手机端店铺首页的分类模块时可能会进行简化处理，以节省面积，如图9-9所示。

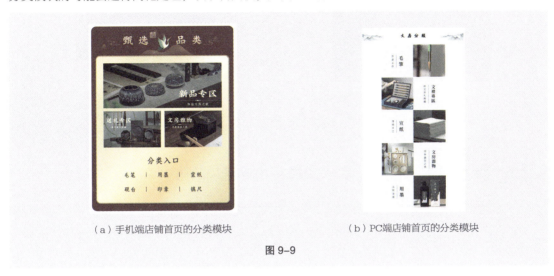

（a）手机端店铺首页的分类模块　　　　　　　（b）PC端店铺首页的分类模块

图 9-9

9.2.4　商品展示模块的设计规则

手机端店铺首页的商品展示模块可以依据8.6节对PC端店铺首页的商品展示的讲解进行设计。但由于面积有限，手机端店铺首页的商品展示无法像PC端的一样以一行4列的形式展示商品，通常会以1行1列、1行2列和1行3列的形式对商品进行展示，如图9-10所示。当以1行1列的形式展示商品时，可以将商品展示制作成单图海报，其宽度为1200px，高度为120～2000px。当以1行2列或1行3列的形式展示商品时，商品展示的头部可加入Banner以提升美感，Banner的宽度为1200px，高度为376px或591px，支持.jpg或.png格式，大小不超过2MB。

图 9-10

9.2.5　底部信息模块的设计规则

底部信息模块由于位于手机端店铺首页尾部，消费者在浏览时会容易产生视觉疲惫。因此，手机端的大部分店铺会在其首页删除底部信息。在个别保留底部信息的手机端店铺首页中，设计师会将PC端店铺首页的底部信息模块做元素简化或颜色变化等处理，以将其设计为手机端店铺首页的底部信息模块，用于减轻消费者浏览负担，提高消费者观看兴趣，如图9-11所示。

（a）手机端店铺首页的底部信息模块　　　　　　（b）PC端店铺首页的底部信息模块

图 9-11

9.2.6　课堂案例——设计实木家具手机端店铺首页

【案例学习目标】学习使用Photoshop的绘图工具、文字工具设计实木家具手机端店铺首页。

【案例知识要点】使用"新建参考线版面"命令创建参考线版面，使用"置入嵌入对象"命令置入图片，使用"横排文字"工具添加文字，使用"矩形"工具、"椭圆"工具和"圆角矩形"工具绘制基本图形，使用"添加图层样式"按钮为图形添加效果，使用"创建剪贴蒙版"快捷键调整图片显示区域。

【效果文件位置】云盘/Ch09/9.2.6课堂案例——设计实木家具手机端店铺首页/工程文件.psd，如图9-12所示。

图 9-12

194

设计实木家具手机端店铺首页1 　设计实木家具手机端店铺首页2 　设计实木家具手机端店铺首页3 　设计实木家具手机端店铺首页4 　设计实木家具手机端店铺首页5 　设计实木家具手机端店铺首页6

1. 轮播海报设计

（1）打开Photoshop，按Ctrl+N组合键，弹出"新建文档"对话框，设置"宽度"为1200px，"高度"为1520px，"分辨率"为72px/in，"颜色模式"为RGB颜色，"背景内容"为白色，单击"创建"按钮，新建一个文件。

（2）选择"视图 → 新建参考线版面"命令，弹出"新建参考线版面"对话框，在页面左边距和右边距各为20px的位置创建两条垂直参考线，设置如图9-13所示。单击"确定"按钮，完成参考线的创建。

（3）选择"矩形"工具 □.，在属性栏的"选择工具模式"选项中选择"图形"，将"填充"颜色设置为黑色，"描边"颜色设置为无。绘制一个与页面大小相等的矩形，如图9-14所示，在"图层"控制面板中生成新的图形图层"矩形1"。

（4）选择"文件 → 置入嵌入对象"命令，弹出"置入嵌入的对象"对话框。分别选择云盘中的"Ch09 → 9.2.6课堂案例——设计实木家具手机端店铺首页 → 1. 轮播海报设计 → 素材 → 01、02"文件，单击"置入"按钮，将图片分别置入图像窗口中。将其拖曳到适当的位置，按Enter键确定操作，在"图层"控制面板中生成新的图层，并分别将其命名为"底图"和"地毯"，按Ctrl+Alt+G组合键，创建剪贴蒙版，如图9-15所示，效果如图9-16所示。

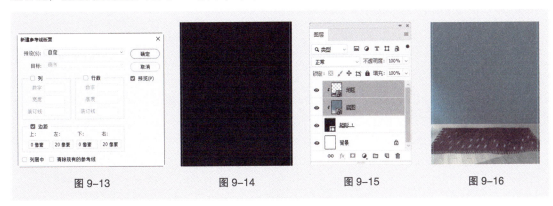

图 9-13　　　　　图 9-14　　　　　图 9-15　　　　　图 9-16

（5）单击"图层"控制面板下方的"添加图层样式"按钮 fx，在弹出的菜单中选择"投影"命令，弹出对话框，设置"投影"颜色为黑色，其他选项的设置如图9-17所示，单击"确定"按钮，效果如图9-18所示。使用上述方法，分别置入"03""04""05"文件并添加投影效果，如图9-19所示，在控制面板中生成新的图层并分别将其命名为"装饰画1""装饰画2"和"床"。

（6）选择"横排文字"工具 T.，在适当的位置分别输入需要的文字并选取文字。选择"窗口 → 字符"命令，打开"字符"面板，将"颜色"设置为白色，并设置合适的字体和字号，使用上述方法添加阴影效果，效果如图9-20所示，在"图层"控制面板中分别生成新的文字图层。

（7）选择"圆角矩形"工具 □.，在属性栏中，将"填充"颜色设置为橘黄色（251、198、73），"描边"颜色设置为无，"半径"选项设置为40px，在图像窗口中绘制一个圆角矩形，如图9-21所示，在"图层"控制面板中生成新的图形图层"圆角矩形1"。

（8）使用上述方法分别输入文字并绘制圆形，如图9-22所示，在"图层"控制面板中分别生成新的图层。按住Shift键的同时，单击"矩形1"图层，将需要的图层同时选取。按Ctrl+G组合键，群组图层并将其命名为"轮播海报1"。

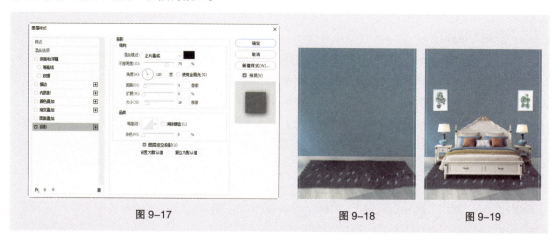

图 9-17　　　　　　　　图 9-18　　　　　　　　图 9-19

图 9-20　　　　　　　　图 9-21　　　　　　　　图 9-22

（9）按Ctrl+O组合键，弹出"打开文件"对话框，选择云盘中的"Ch09 → 9.2.6课堂案例——设计实木家具手机端店铺首页 → 素材 → 工程文件.psd"文件。将"轮播海报2"图层组拖曳到新建的图像窗口，如图9-23所示。在"图层"控制面板中，隐藏图层组，如图9-24所示。按住Shift键的同时，单击"轮播海报1"图层组，将需要的图层组同时选取。按Ctrl+G组合键，群组图层组并将其命名为"轮播海报"，如图9-25所示。轮播海报设计完成。

图 9-23　　　　　　　　图 9-24　　　　　　　　图 9-25

2. 优惠券设计

（1）按Ctrl+N组合键，弹出"新建文档"对话框，设置"宽度"为1200px，"高度"为644px，"分辨率"为72px/in，"颜色模式"为RGB颜色，"背景内容"为白色，单击"创建"按钮，新建一个文件。

（2）使用上述方法，分别新建距离页面左侧20px、在页面居中及距离页面右侧20px的3条垂直参考线。

（3）选择"矩形"工具 □，在属性栏的"选择工具模式"选项中选择"图形"，将"填充"颜色设置为浅灰色（241、241、241），"描边"颜色设置为无。在图像窗口中绘制一个与页面大小相等的矩形，如图9-26所示，在"图层"控制面板中生成新的图形图层"矩形1"。

（4）选择"视图 → 新建参考线"命令，弹出"新建参考线"对话框，在56px的位置创建一条水平参考线，设置如图9-27所示，单击"确定"按钮。使用相同的方法，在178px的位置再创建一条水平参考线。

图 9-26　　　　　　　　　　　　　　　　　　　图 9-27

（5）选择"横排文字"工具 T.，在适当的位置分别输入需要的文字并选取文字。选择"窗口 → 字符"命令，打开"字符"面板，将"颜色"设置为深灰色（29、29、29）和淡灰色（135、135、135），并设置合适的字体和字号，效果如图9-28所示，在"图层"控制面板中分别生成新的文字图层。

（6）选择"椭圆"工具 ○.，按住Shift键的同时，在图像窗口中绘制一个圆形，在属性栏中将"填充"颜色设置为中黄色（251、198、73），"描边"颜色设置为无，效果如图9-29所示，在"图层"控制面板中生成新的图形图层"椭圆1"。使用相同的方法分别绘制其他圆形，效果如图9-30所示，在"图层"控制面板中分别生成新的图形图层。

图 9-28　　　　　　　　　　图 9-29　　　　　　　　　　图 9-30

（7）按住Shift键的同时，单击"购物领券"图层，将需要的图层同时选取。按Ctrl+G组合键，群组图层并将其命名为"标题"，如图9-31所示。使用上述方法，分别新建两条水平参考线。

（8）选择"圆角矩形"工具 □.，在属性栏中将"填充"颜色设置为黑色，"描边"颜色设置为无，"半径"选项设置为30px，在图像窗口中绘制一个圆角矩形，效果如图9-32所示，在"图层"控制面板中生成新的图形图层"圆角矩形1"。

（9）单击"图层"控制面板下方的"添加图层样式"按钮 fx.，在弹出的菜单中选择"渐变叠加"命令，弹出"渐变叠加"对话框。单击"渐变"选项右侧的"点按可编辑渐变"按钮▨▨▨▨，弹出"渐变编辑器"对话框，在"位置"选项中分别输入0、100两个位置点，设置两个位置点颜色的RGB值分别为0（119、176、196）、100（210、228、241），如图9-33所示。单击"确定"按钮，返回"渐变叠加"对话框，其他选项的设置如图9-34所示，单击"确定"按钮，效果如图9-35所示。

图 9-31 图 9-32 图 9-33

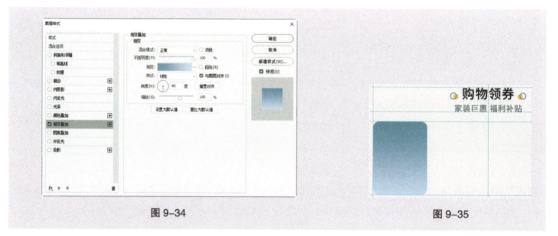

图 9-34 图 9-35

（10）选择"圆角矩形"工具 ▢，在图像窗口中绘制一个圆角矩形，在属性栏中将"填充"颜色设置为浅灰色（241、241、241），"描边"颜色设置为无，"半径"选项设置为20px。选择"窗口 → 属性"命令，弹出"属性"面板，在面板中进行设置，如图9-36所示，效果如图9-37所示，在"图层"控制面板中生成新的图形图层"圆角矩形2"。

（11）选择"椭圆"工具 ⬭，单击"路径操作"按钮 ▫，在弹出的菜单中选择"合并图形"选项，在适当的位置绘制一个椭圆形，效果如图9-38所示。

（12）选择"横排文字"工具 T，在适当的位置输入需要的文字并选取文字。在"字符"面板中，将"颜色"设置为黑色，并设置合适的字体和字号，效果如图9-39所示，在"图层"控制面板中生成新的文字图层。使用上述方法分别绘制圆角矩形并输入文字，效果如图9-40所示，在"图层"控制面板中生成新的图层。

（13）按住Shift键的同时，单击"圆角矩形1"图层，将需要的图层同时选取。按Ctrl+G组合键，群组图层并将其命名为"券1"，如图9-41所示。

（14）使用上述方法分别绘制圆角矩形并输入文字，效果如图9-42所示，在"图层"控制面板中分别生成新的图层组。按住Shift键的同时，单击"矩形1"图层，将需要的图层同时选取。按Ctrl+G组合键，群组图层并将其命名为"优惠券"，如图9-43所示。优惠券设计完成。

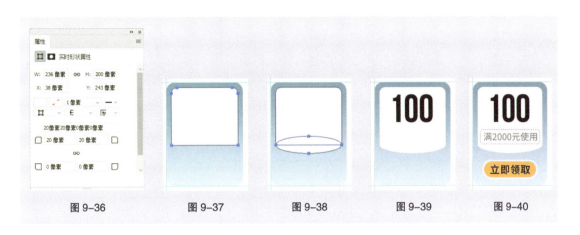

图 9-36　　　　　　图 9-37　　　　　　图 9-38　　　　　　图 9-39　　　　　　图 9-40

图 9-41　　　　　　　　　　图 9-42　　　　　　　　　　图 9-43

3. 分类模块设计

（1）按Ctrl+N组合键，弹出"新建文档"对话框，设置"宽度"为1200px，"高度"为1294px，"分辨率"为72px/in，"颜色模式"为RGB颜色，"背景内容"为白色，单击"创建"按钮，新建一个文件。

（2）使用上述方法，分别新建距离页面左侧20px、在页面居中及距离页面右侧20px的3条垂直参考线。

（3）选择"矩形"工具 □ ，在属性栏的"选择工具模式"选项中选择"图形"，将"填充"颜色设置为白色，"描边"颜色设置为无。在图像窗口中绘制一个与页面大小相等的矩形，在"图层"控制面板中生成新的图形图层"矩形1"。

（4）选择"视图 → 新建参考线"命令，弹出"新建参考线"对话框，在56px的位置创建一条水平参考线，设置如图9-44所示，单击"确定"按钮。使用相同的方法，在178px的位置再创建一条水平参考线。使用上述方法，分别绘制图形并输入文字，效果如图9-45所示，在"图层"控制面板中生成新的图层组"标题"。

（5）使用上述方法，分别新建两条水平参考线。选择"圆角矩形"工具 □ ，在属性栏中，将"填充"颜色设置为浅灰色（241、241、241），"描边"颜色设置为无，"半径"选项设置为10px。在图像窗口中绘制一个圆角矩形，如图9-46所示，在"图层"控制面板中生成新的图形图层"圆角矩形1"。

图 9-44   图 9-45   图 9-46

（6）选择"文件 → 置入嵌入对象"命令，弹出"置入嵌入的对象"对话框。选择云盘中的"Ch09 → 9.2.6课堂案例——设计实木家具手机端店铺首页 → 3.分类模块设计 → 素材 → 01"文件，单击"置入"按钮，将图片置入图像窗口中。将其拖曳到适当的位置，按Enter键确定操作，在"图层"控制面板中生成新的图层并将其命名为"实木桌"，效果如图9-47所示。

（7）选择"横排文字"工具 T.，在适当的位置分别输入需要的文字并选取文字。选择"窗口 → 字符"命令，打开"字符"面板，将"颜色"设置为淡灰色（135、135、135）和深灰色（29、29、29），并设置合适的字体和字号，效果如图9-48所示，在"图层"控制面板中分别生成新的文字图层。

图 9-47   图 9-48

（8）使用上述方法，分别绘制图形、输入文字并置入图标，效果如图9-49所示，在"图层"控制面板中分别生成新的图层。按住Shift键的同时，单击"圆角矩形1"图层，将需要的图层同时选取。按Ctrl+G组合键，群组图层并将其命名为"桌子系列"，如图9-50所示。

（9）使用上述方法分别绘制图形并输入文字，效果如图9-51所示，在"图层"控制面板中分别生成新的图层组。按住Shift键的同时，单击"矩形1"图层，将需要的图层同时选取。按Ctrl+G组合键，群组图层并将其命名为"分类模块"，如图9-52所示。分类模块设计完成。

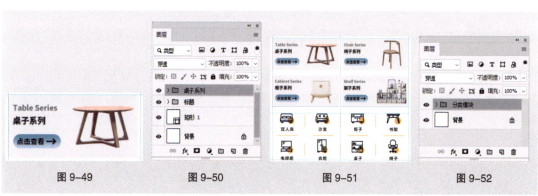

图 9-49   图 9-50   图 9-51   图 9-52

4．商品展示模块设计

（1）按Ctrl+N组合键，弹出"新建文档"对话框，设置"宽度"为1200px，"高度"为6686px，"分辨率"为72px/in，"颜色模式"为RGB颜色，"背景内容"为白色，单击"创建"按钮，新建一个文件。

（2）使用上述方法，分别新建距离页面左侧20px、在页面居中及距离页面右侧20px的3条垂直参考线。

（3）选择"矩形"工具 □，在属性栏的"选择工具模式"选项中选择"图形"，将"填充"颜色设置为浅灰色（241、241、241），"描边"颜色设置为无。在图像窗口中绘制一个与页面大小相等的矩形，在"图层"控制面板中生成新的图形图层"矩形1"。

（4）选择"视图 → 新建参考线"命令，弹出"新建参考线"对话框，在56px的位置创建一条水平参考线，设置如图9-53所示，单击"确定"按钮。使用相同的方法，在178px的位置再创建一条水平参考线。使用上述方法，分别绘制图形并输入文字，效果如图9-54所示，在"图层"控制面板中生成新的图层组"标题"。

图 9-53　　　　　　　　　　　　　　　　　　　图 9-54

（5）使用上述方法，分别新建两条水平参考线。选择"圆角矩形"工具 □，在属性栏的"选择工具模式"选项中选择"图形"，将"填充"颜色设置为浅灰色（225、222、217），"描边"颜色设置为无，"半径"选项设置为20px。在图像窗口中绘制一个圆角矩形，如图9-55所示，在"图层"控制面板中生成新的图形图层"圆角矩形1"。

（6）选择"文件 → 置入嵌入对象"命令，弹出"置入嵌入的对象"对话框。选择云盘中的"Ch09 → 9.2.6课堂案例——设计实木家具手机端店铺首页 → 4. 商品展示设计 → 素材 → 01"文件，单击"置入"按钮，将图片置入图像窗口中。将其拖曳到适当的位置，按Enter键确定操作，在"图层"控制面板中生成新的图层并将其命名为"装饰柜"，按Ctrl+Alt+G组合键，创建剪贴蒙版，效果如图9-56所示。

（7）选择"横排文字"工具 T.，在适当的位置分别输入需要的文字并选取文字。选择"窗口 → 字符"命令，打开"字符"面板，将"颜色"设置为中蓝色（15、121、131）和淡灰色（135、135、135），并设置合适的字体和字号，效果如图9-57所示，在"图层"控制面板中分别生成新的文字图层。

（8）使用上述方法分别绘制图形并置入图标，效果如图9-58所示，在"图层"控制面板中分别生成新的图层。按住Shift键的同时，单击"圆角矩形1"图层，将需要的图层同时选取。按Ctrl+G组合键，群组图层并将其命名为"TOP1"，如图9-59所示。

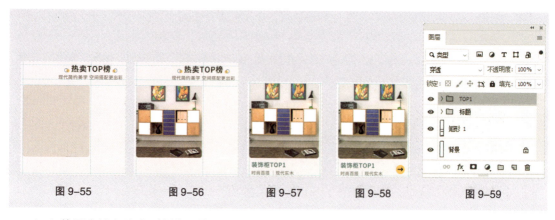

图 9-55   图 9-56   图 9-57   图 9-58   图 9-59

（9）使用上述方法分别制作其他图层组，效果如图9-60所示。按住Shift键的同时，单击"标题"图层组，将需要的图层组同时选取。按Ctrl+G组合键，群组图层组并将其命名为"热卖TOP"，如图9-61所示。使用相同的方法制作出图9-62和图9-63所示的效果，在"图层"控制面板中分别生成新的图层组。按住Shift键的同时，单击"热卖TOP"图层组，将需要的图层组同时选取。按Ctrl+G组合键，群组图层组并将其命名为"商品展示"，如图9-64所示。商品展示模块设计完成。

图 9-60   图 9-61   图 9-62   图 9-63   图 9-64

5. 底部信息模块设计

（1）按Ctrl+N组合键，弹出"新建文档"对话框，设置"宽度"为1200px，"高度"为1240px，"分辨率"为72px/in，"颜色模式"为RGB颜色，"背景内容"为白色，如图9-65所示，单击"创建"按钮，新建一个文件。

（2）使用上述方法，分别新建距离页面左侧20px、在页面居中及距离页面右侧20px的3条垂直参考线。

（3）选择"矩形"工具 ⬜，在属性栏的"选择工具模式"选项中选择"图形"，将"填充"颜色设置为黑色，"描边"颜色设置为无。在图像窗口中绘制一个与页面大小相等的矩形，在"图层"控制面板中生成新的图形图层"矩形1"。

（4）选择"文件 → 置入嵌入对象"命令，弹出"置入嵌入的对象"对话框。选择云盘中的"Ch09 → 9.2.6课堂案例——设计实木家具手机端店铺首页 → 5.底部信息设计 → 素材 → 01"文件，单击"置入"按钮，将图片置入图像窗口中。将其拖曳到适当的位置，按Enter键确定操作，在"图层"控制面板中生成新的图层并将其命名为"沙发",按Ctrl+Alt+G组合键,创建剪贴蒙版,效果如图9-66所示。使用相同的方法置入"02"文件,如图9-67所示,在"图层"控制面板中生成新的图层并将其命名为"logo"。

图 9-65　　　　　　　　图 9-66　　　　　　　　图 9-67

（5）选择"横排文字"工具 **T.**,在适当的位置输入需要的文字并选取文字。选择"窗口 → 字符"命令,打开"字符"面板,将"颜色"设置为白色,并设置合适的字体和字号,效果如图9-68所示,在"图层"控制面板中生成新的文字图层。

（6）按住Shift键的同时,单击"矩形1"图层,将需要的图层同时选取。按Ctrl+G组合键,群组图层并将其命名为"底部信息",如图9-69所示。底部信息设计完成。

图 9-68　　　　　　　　　　　　　　图 9-69

6. 模块合并

（1）按Ctrl+N组合键,弹出"新建文档"对话框,设置"宽度"为1200px,"高度"为11384px,"分辨率"为72px/in,"颜色模式"为RGB颜色,"背景内容"为白色,单击"创建"按钮,新建一个文件。

（2）按Ctrl+O组合键,弹出"打开文件"对话框,选择云盘中的"Ch09 → 9.2.6课堂案例——设计实木家具手机端店铺首页 →1. 轮播海报设计 → 工程文件.psd"文件,单击"打开"按钮,打开文件。拖曳文件中的"轮播海报"图层组到新建的图像窗口中适当的位置,如图9-70所示。使用相同的方法,分别合并上述制作完成的模块对应的图层组到新建的图像窗口中,"图层"控制面板中图层组的顺序如图9-71所示。实木家具手机端店铺首页整体效果制作完成。

（3）选择"文件 → 导出 → 存储为Web所用格式(旧版)"命令,在弹出的对话框中进行设置,单击"存储"按钮,导出效果图。实木家具手机端店铺首页设计完成。

图 9-70

图 9-71

9.3 课堂练习——设计护肤品手机端店铺首页

【练习知识要点】使用Photoshop的绘图工具、文字工具设计护肤品手机端店铺首页，最终效果如图9-72所示。

【效果文件位置】云盘/Ch09/9.3课堂练习——设计护肤品手机端店铺首页/工程文件.psd。

图 9-72

设计护肤品手机端店铺首页 1

设计护肤品手机端店铺首页 2

设计护肤品手机端店铺首页 3

设计护肤品手机端店铺首页 4

设计护肤品手机端店铺首页 5

9.4 课后习题——设计数码产品手机端店铺首页

【习题知识要点】使用Photoshop的绘图工具、文字工具设计数码产品手机端店铺首页，最终效果如图9-73所示。

【效果文件位置】云盘/Ch09/9.4课后习题——设计数码产品手机端店铺首页。

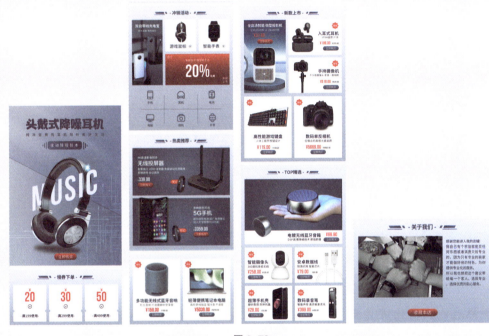

图 9-73

设计数码产品手机端店铺首页1　设计数码产品手机端店铺首页2　设计数码产品手机端店铺首页3　设计数码产品手机端店铺首页4　设计数码产品手机端店铺首页5

第 10 章

商品视频拍摄与制作

第 10 章简介

▶ 本章介绍

　　本章将详细介绍商品视频的拍摄与制作方法，包括商品视频的基础知识、商品视频拍摄和商品视频制作等。通过学习本章，学生可以掌握网店商品视频的拍摄与制作方法，使商品视频能突出商品的特色，吸引消费者的注意。

▶ 学习引导

知识目标

● 掌握商品视频的基础知识

● 熟悉商品视频的拍摄流程

素养目标

● 培养对视频拍摄与制作的兴趣

● 培养商业设计思维

能力目标

● 熟练使用Premiere Pro CC 2020

● 掌握运用后期技巧提升商品视频质量的方法

10.1 商品视频的基础知识

10.1.1 视频概述

商品视频可以对商品进行动态的、全方位的、多角度的、立体的展示，可以让消费者更加直观地感受和了解商品的特点、优点和卖点，这种动态展示方式大大优于图片等静止展示方式。同时，还可以在视频中加入商品理念或展示商家的风格等，让消费者能够感受到商家所要传递出的更多信息，拉近商家与消费者的距离。

1. 视频的概念

一系列的静态图像以电信号的方式加以捕捉、记录、处理、存储、传送与重现等各种技术，然后当这些连续的静态图像以每秒超过24帧以上的速率变化时，由于人眼的视觉暂留效应，无法辨别单幅的静态图像，就会产生动态画面的视觉效果，这样的动态画面叫作视频。

2. 视频的格式

每个品牌的相机的视频格式各有不同，它们都有各自固定的视频格式，可以在后期制作中对视频格式进行转码。佳能相机采用了MOV格式，松下和索尼相机则采用了AVCHD格式。尼康的部分相机的视频格式为AVI，而其推出的部分新款相机也采用了MOV格式。

3. 视频的分辨率与帧速率

（1）分辨率

分辨率表明了视频的画面尺寸，分辨率的不同造成了画面尺寸的不同，分辨率越高清晰度越高，自然视频所占用的内存空间就越大。

高级单反相机可以拍摄全高清的视频，也就是分辨率为1920像素×1080像素的视频，其分辨率和蓝光光盘上的一样。有些相机可以拍摄720帧/秒的高清视频，分辨率为1280像素×720像素，是DVD的两倍。相机还能拍摄分辨率更低的视频，比如VGA视频，分辨率为640像素×480像素，如图10-1所示，这种视频一般用于在网络上传播。

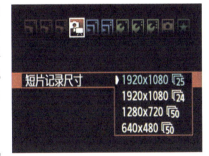

图 10-1

（2）帧速率

使用摄像机和带有录像功能的数码相机时，不仅能够控制视频的分辨率，还能选择每秒的帧数，也就是帧速率（frames per second，FPS）。帧速率是指每秒刷新图片的帧数（帧每秒），也可以理解为图形处理器每秒能够刷新的次数。

不同的录制设备会输出不同的帧速率，常用的帧速率有24帧/秒、25帧/秒、30帧/秒、50帧/秒、60帧/秒等，如电影的帧速率标准为24帧/秒，电视剧的帧速率标准为25帧/秒、30帧/秒。每秒播放的画面数量越多，视频中的动作就会越流畅。

10.1.2 商品视频的类型

常应用于网店中的商品视频有主图视频和页面视频两类，下面分别对这两类视频进行详细的介绍。

1. 主图视频

主图视频主要应用在商品详情页中的主图位置，用于展示商品的特点和卖点，如图10-2所示。在制作该视频时，建议时长为5~60s，建议宽高比为16：9、1：1、3：4，建议尺寸为750px×1000px或以上。

图 10-2

2. 页面视频

页面视频主要应用在店铺首页或商品详情页中的详情位置，常用于介绍品牌或展示商品的使用方法与商品的使用效果，如图10-3所示。在制作该视频时，建议时长不要超过10min，且建议尺寸为1920px×720px。

图 10-3

10.2 商品视频拍摄

10.2.1 商品视频拍摄器材的准备

1. 拍摄设备

（1）摄像机

专业级高清摄像机（见图10-4）对视频的压缩较小，还原度较高，使用它可以拍摄出高质量的视频，但是专业级高清摄像机价格昂贵、体积大、不便于携带，如果不是专门从事视频拍摄的公司，不建议购买和使用这种摄像机。家用数码摄像机（digital video，DV）（见图10-5）价格适中、体积小、使用方便，拍摄的视频清晰度也不错。

图 10-4   图 10-5

（2）手机

使用手机拍摄视频虽然方便，可是无法进行变焦，通过放大和缩小功能调节画面时画面质量会受到影响。并且摄影师在前后移动拍摄视频时，容易出现广角变形或穿帮等问题，并且手机不容易控制，会影响商品的视觉呈现效果。

（3）单反相机

目前的单反相机不但提供优质的视频拍摄功能，并且在快捷键上放置了视频档位，如图10-6所示，操作变得非常方便。单反相机还可以更换不同的镜头，比如配合较大光圈的镜头时很容易产生好看的景深效果，使画面赏心悦目。

图 10-6

2. 辅助设备

（1）变焦杆

变焦杆减少了人手直接操作镜头时引起的画面晃动，是使用单反相机拍摄视频时用来控制景深效果的必备配件，如图10-7所示。使用时，将变焦杆套在相机镜头的变焦环上，通过调节变焦杆进行对焦可以使对焦操作更流畅。同时变焦杆也可作为一个参照物，有助于摄影师记住画面清晰或模糊时变焦杆所处的位置，从而准确对焦。

图 10-7

（2）三脚架

挑选三脚架时要了解图片摄影三脚架与视频三脚架的区别。图片摄影三脚架自重较轻，承重也较轻，云台可以翻转，相机上下转动时不平滑。而视频三脚架自重和承重都较重，备有手柄，并带有阻尼，让相机可以进行平滑的上下左右转动。另外，视频三脚架通常采用的是可分离式的云台和脚架，以便摄影师可以在三脚架上使用不同的云台，如图10-8所示。

图10-8

（3）支撑系统

当单反相机外挂的辅助设备比较多，加重了单反相机的重量时，仅靠手持单反相机拍摄视频会产生晃动，而且单反相机的大画幅与浅景深会放大这种不稳定感，大大降低了视频的品质。所以需要一个支撑系统将单反相机和其他辅助设备连接到一起，以便分摊整套设备的重量，并且手柄与肩托的设计可以保证手持拍摄的稳定与舒适度。

用于拍摄视频的单反相机的支撑系统通常采用双管式设计，管径通常为15mm，两个管心的间距为60mm，长度各异，可以方便地添加跟焦器、遮光斗、手柄、肩托等其他辅助设备到这个系统中，如图10-9所示。

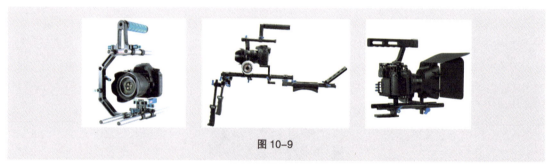

图10-9

（4）U型手提支架

当低位拍摄时，可以将相机固定到U型手提支架上，如图10-10所示，便于进行多角度的拍摄，让拍摄更加轻松自如。U型手提支架的顶部配有热靴座，可以放置麦克风与闪光灯等，如图10-11所示。还可以将手机固定在热靴座上，并将手机通过USB连接至相机上作为外部监视器对拍摄画面进行监视。也可以将U型手提支架固定到三脚架上。

图10-10   图10-11

（5）脚轮

脚轮是安装在三脚架底部的辅助设备，如图10-12所示，方便三脚架移动。拍摄运动镜头时，脚轮可以用来提高三脚架的稳定性。

图 10-12

（6）滑轨小车

滑轨小车是一种便携式设备，它摆脱了传统轨道及轨道车系统的约束，没有滑行长度的限制，可灵活调整滑动轨迹及弧度，机动性极强，如图10-13所示。使用滑轨小车进行拍摄时需要一个台面作为支撑，然后在台面上进行拍摄，所以当在室内桌面上拍摄时，使用滑轨小车是一个不错的选择，而且它十分便宜。

图 10-13

（7）监视辅助设备

在拍摄视频时，摄影师需要通过监视判断画面的曝光、对焦、构图、运动的位置等，虽然相机自带液晶显示屏，但是它们在很多条件下都很难满足要求。比如在室外拍摄时，阳光直射到机身的液晶显示屏上，就很难监视画面了。又如在进行高机位或低机位拍摄时，由于有些相机的液晶显示屏不能翻转，因此无法监视画面。遇到以上这些情况时，就需要使用下面两种监视辅助设备。

① 取景眼罩

当在户外或者强光下拍摄时，可以在相机的液晶显示屏上增加一个取景眼罩用来隔绝环境光线，这样就可以清楚地监视画面了。

大多数取景眼罩都内置了放大镜片，可以放大液晶显示屏上显示的画面，使摄影师很容易在拍摄的过程中判断焦点。有的取景眼罩还可以调节屈光度，以便视力状况不同的摄影师使用，如图10-14所示。

② 外景监视器

需要进行高机位或低机位的外景拍摄时，可以选择使用一个小型液晶显示屏作为外景监视器。小型外景监视器通过球形云台或万向支架连接，安装在相机的热靴座或者支撑系统上，使它可以上下左右翻转，以调整为最适合监视的角度，如图10-15所示。

图 10-14

为解决户外的强光问题，可以为小型外景监视器加上遮光罩，如图10-16所示。小型外景监视器最大的缺点之一是它需要大容量的电池供电，所以它的体积较大，会增加相机的重量和体积，不利于手持拍摄。

图 10-15 图 10-16

3. 灯光设备

当模特处在逆光状态或影棚等光线较暗的拍摄环境下时，摄影灯就成了一个非常重要的摄影器材。有了摄影灯，拍摄就不会受到光线的限制了。常用的摄影灯有三基色柔光灯和发光二级管（light emitting diode，LED）摄影灯两种。

（1）三基色柔光灯

三基色柔光灯的外形和普通节能灯的外形一样，如图10-17所示，但区别在于它是通过在玻璃灯管内壁涂上三基色荧光粉而制成的节能灯，三基色荧光粉会在紫外线的激发下发出光亮，三基色柔光灯的发光效率远远高于普通节能灯的发光效率。三基色柔光灯是一种低温光源，它具有发光面积大、光线柔和、阴影淡化、无强烈刺眼的现象的特点，被照射的模特会感到舒适、放松，不会因高温而影响拍摄工作。三基色柔光灯还具有色温准、无频闪、无噪声、耐高压、功率小等特点。在三基色柔光灯灯座的背部有2~5个控制开关，可以自由地控制亮度，如图10-18所示。通常三基色柔光灯都会搭配柔光箱一起使用，使光线更加柔和。三基色柔光灯的价格比较低。

图 10-17 图 10-18

（2）LED摄影灯

LED摄影灯由LED高亮灯珠组成，如图10-19所示。它具有色温准确、发光效率高、可以长时间照射而不会产生热量、寿命长、节能、环保等特点，并且自带光源，便于携带。但是它的灯光比较硬，需要另外配置柔光设备，而且其价格也比三基色柔光灯的高。

图 10-19

4．录音设备

（1）外接麦克风

单反相机的机体中都配有内置麦克风，但是指向性较差。在空旷的环境中拍摄时，内置麦克风捕获到的声音非常小，而且会有很明显的回音。在录音的同时也会录制变焦、电流等杂音，这些杂音在后期制作时很难被删除。如果想要捕获现场最佳音质的声音，最好使用专业的外接麦克风，它的指向性强，录制的声音十分清晰，常用的外接麦克风为电容麦克风，使用时将麦克风固定在单反相机的热靴座上并通过连接线与音频接口连接即可，如图10-20所示，尤其在室外跟拍或者拍摄运动视频时可以选择这种方式录制声音。

图 10-20

（2）领夹式无线麦克风

领夹式无线麦克风（见图10-21）具有体积小、重量轻、灵敏度高、噪声低、可承受高分贝的声压级而不失真、有指向性等特点，被广泛应用。而且它具有移动性，当说话者来回走动时，录制声音不会受影响。领夹式无线麦克风套装主要包括一个微型领夹式麦克风、一个腰包式发射器和一个接收器。使用时将微型领夹式麦克风夹在说话者的胸前，将腰包发射机挂在腰后，再将接收器配合热靴座固定在相机上，用一根音频线与相机连接，这样领夹式无线麦克风就可以通过无线传输将声音录制到相机里了。接收器上还带有耳机监听插口，摄像师可佩戴耳机直接监听声音效果，十分方便。

图 10-21

10.2.2 商品视频的拍摄流程

在实际拍摄前，摄影师有很多的准备工作需要进行，包括准备拍摄前期需要的工作内容、学习实际拍摄中的拍摄技巧，以及了解拍摄后期的视频处理及交付方法等。

商品视频的拍摄流程如图10-22所示。

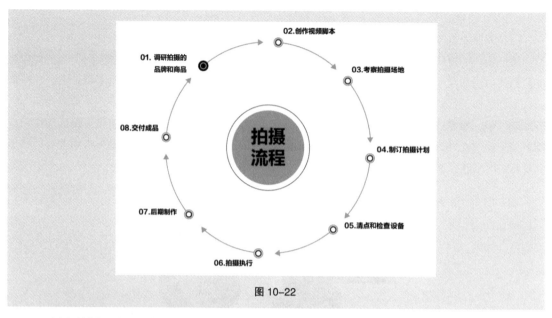

图 10-22

1. 调研拍摄的品牌和商品

在拍摄商品前，一定要调研品牌概况和具体商品的形状、材质、特点、用途、使用方法及商家的宣传理念等，这样才能恰当地选择拍摄重点、拍摄场地等。

2. 创作视频脚本

在调研拍摄的品牌和商品后，就需要创作出详细的视频脚本。脚本会包括镜头号、场号、景别、拍摄手法、拍摄角度、镜头内容、旁白、音乐、字幕等信息，通过这些信息最终将脚本上的想法细化到每一个画面的表现上。

3. 考察拍摄场地

创作脚本期间还要对拍摄场地进行实地考察，考察场地因素是否会对拍摄镜头造成影响，比如现场的光线如何，装修布置、风格是否和需要的吻合，场地电表所能承受的功率如何，以及是否有易造成穿帮的物体，等等，并根据拍摄场地的实际情况及时调整视频脚本。

4. 制订拍摄计划

在正式拍摄商品视频前，要制订一个完整的拍摄计划，规划好拍摄的时间、场地、所需的拍摄设备、灯光设备、道具、模特，还有工作人员的任务分配等，并且在拍摄过程中严格按照拍摄计划执行拍摄任务。如果在拍摄期间因特殊原因需要调整拍摄任务，可以在完成分镜拍摄内容后补拍部分内容。

5. 清点和检查设备

在拍摄当天，还需要对所有的设备进行清点和检查，否则拍摄时缺少了某种设备会影响拍摄进度。

6. 拍摄执行

当一切准备就绪后，就可以进行视频拍摄了。

7. 后期制作

拍摄完成后，将所有素材导入计算机，运用视频编辑软件进行剪辑，将多场景组合，删掉多余的镜头，再根据需要添加字幕、音频、专场和特效等。

8．交付成品

在后期制作完成后，先渲染一个低质量的版本提交客户进行审核。在客户确认后，再将确认好的版本渲染成高质量的视频刻成光盘交给客户。

10.2.3　课堂案例——拍摄手冲咖啡的主图视频

1．制作视频脚本

表10-1所示为手冲咖啡视频脚本。

表10-1　手冲咖啡视频脚本

场景	镜头号	景别	拍摄手法	拍摄角度	镜头内容	字幕	备注
咖啡馆	1	中景	固定拍摄	正面平视角度	所有手冲咖啡的相关器具和咖啡摆放在桌面上进行展示	—	注意器具摆放的层次和背景
咖啡馆	2	特写	移动拍摄	—	冲杯和分享壶的全貌，镜头以冲杯为起点，从上至下移到分享壶，再从下至上回到冲杯，并以此为落点进行拍摄	—	—
咖啡馆	3	特写	移动拍摄	—	细嘴手冲壶，镜头从分享壶上移到细嘴手冲壶上	—	镜头在细嘴手冲壶上停留1s
咖啡馆	4	特写	移动拍摄	—	过滤纸，镜头从细嘴手冲壶上从右至左移到过滤纸上	—	—
咖啡馆	5	近景	固定拍摄	—	咖啡豆放在杯子里，将其缓缓倒入盘子中，展示咖啡豆	—	—
咖啡馆	6	近景	固定拍摄	俯视角度	称咖啡豆的重量	20g咖啡豆	—
咖啡馆	7	特写	固定拍摄	水平角度	将咖啡豆倒入磨豆机后盖上盖子	—	—
咖啡馆	8	特写	移动拍摄	水平角度	镜头自下而上拍摄磨豆机的全貌，然后停留拍摄研磨的过程	调到刻度18	—
咖啡馆	9	特写	固定拍摄	俯视角度	将研磨好的咖啡粉放在手心里，展示研磨好的咖啡粉的粗细效果	砂糖般的粗细效果	—
咖啡馆	10	近景	固定拍摄	—	过滤纸的使用方法	—	只拍摄咖啡师手部折叠过滤纸的操作过程
咖啡馆	11	近景	固定拍摄	俯视角度	将热水倒入细嘴手冲壶	—	—
咖啡馆	12	特写	固定拍摄	俯视角度	将热水均匀地冲在过滤纸上，使过滤纸全部湿润，紧贴在滤杯壁	消除纸浆的味道	—
咖啡馆	13	近景	摇动拍摄	—	咖啡师继续冲水，热水从滤杯流到分享壶中	加热咖啡壶	镜头自上而下拍摄
咖啡馆	14	特写	固定拍摄	俯视角度	将研磨好的咖啡粉倒入滤杯中，用勺子轻轻拍平	使咖啡粉平整	—
咖啡馆	15	中景	固定拍摄	俯视角度	咖啡师手持手冲壶准备开始冲水	—	—
咖啡馆	16	特写	固定拍摄	俯视角度	第一次冲水的过程和焖蒸过程	第一次注入60g水，焖蒸约20s	—
咖啡馆	17	特写	固定拍摄	俯视角度	第二次冲水的过程	—	—
咖啡馆	18	特写	移动拍摄	正面平视角度	咖啡从滤杯慢慢注入分享壶的过程	慢慢注水到300g	镜头从上自下拍摄
咖啡馆	19	特写	固定拍摄	俯视角度	第三次冲水的过程	第三次注水加到400g	—

场景	镜头号	景别	拍摄手法	拍摄角度	镜头内容	字幕	备注
咖啡馆	20	特写	移动拍摄	正面平视角度	咖啡从滤杯慢慢注入分享壶的过程	味道醇香	镜头从上自下拍摄
咖啡馆	21	特写	固定拍摄	正面平视角度	将咖啡滴落在分享壶里	慢慢滴落即可	—
咖啡馆	22	特写	固定拍摄	俯视角度	将分享壶里的咖啡倒入加热后的咖啡杯中	—	—
咖啡馆	23	中景	拉动拍摄	正面平视角度	模特坐在桌前悠闲地品尝咖啡	—	—

2．考察拍摄场地

拍摄场地为一家布置得十分温馨的咖啡馆，如图10-23所示。拍摄前对咖啡馆进行实地考察，重点考察咖啡馆的采光情况。这间咖啡馆临街，有较大的窗户，采光很好，因此无须准备其他的灯光设备。在现场，根据环境和光线条件，事先将制作咖啡的位置固定好，这样可以节省拍摄时间。

图 10-23

3．其他准备工作

（1）准备道具

除了手冲咖啡壶套装，画面中还有其他的元素，包括咖啡师的手和服装、咖啡杯、热水壶、装咖啡的器皿以及桌面等，这些也是画面的组成部分，所以也要精心准备这些道具。

（2）工作人员分配

拍摄此视频共需要多名工作人员，其中包括导演、负责拍摄视频的摄影师、负责拍摄照片的摄影师、咖啡师等。

4．视频实际拍摄

在脚本已经制作好的情况下，拍摄当天只需要按照脚本计划好的每一个镜头保质保量地完成拍摄即可。

① 镜头1

视频拍摄开头先用3s进行所有手冲咖啡器具的整体展示，如图10-24所示。在拍摄这个镜头时，要根据每一个器具的外形特征对其进行摆放，背景不宜太复杂，需要衬托突出这些器具，整个画面的构图既要有层次感又不能显得杂乱。如果背景的装饰物较多，无法移动，可以调大光圈，让背景稍作虚化。

图 10-24

② 镜头2

冲杯和分享壶既是手冲咖啡最主要的器具，又是需要销售的商品之一，因此需要单独对其进行拍摄。为了更好地展示商品细节，可以采用特写镜头拍摄，如图10-25所示。由于冲杯和分享壶放在一起后外形偏高，采用特写镜头拍摄时，在一个画面中无法全部呈现该商品，所以要用移动拍摄的手法，将镜头从商品上方移到下方进行完整的展示，这时要注意镜头起点和落点的位置。

图 10-25

③ 镜头3、4

这两个镜头都是为了单独展示一个器具，因此同镜头2一样还是采用特写镜头，运用移动拍摄的手法进行拍摄。但是由于细嘴手冲壶和过滤纸的外形比较矮小和扁平，所以镜头移动采用了旋转和左右移动的方式，但是幅度不要太大。3和4这两个镜头在落点上要注意画面的构图，细嘴手冲壶位于画面的右2/3处，过滤纸位于画面的下2/3处，都符合黄金分割比例，如图10-26所示。

图 10-26

④ 镜头5

展示完手冲咖啡器具后要展示咖啡豆。这个镜头采用近景的景别拍摄，使用固定镜头的拍摄手法将咖啡豆从杯子里缓缓倒入盘子中，如图10-27所示。构图上咖啡杯和盘子在画面的右侧，左侧留白，这里采用了"二分构图法"表现画面，使画面具有通透感，不会显得太满。由于将咖啡豆倒入盘子里是动态的过程，因此拍摄时要注意画面的稳定性。

⑤ 镜头6

这个镜头利用俯视的角度，使用固定镜头的拍摄手法展示称咖啡豆过程，器皿放在画面居中的位置，如图10-28所示。

图 10-27

图 10-28

⑥ 镜头7、8

这两个镜头拍摄的是在同一个背景前同一件器具的使用步骤。为了有所变化，镜头7运用固定拍摄的手法并使用特写镜头拍摄咖啡豆倒入磨豆机的过程；镜头8运用自上向下移动的拍摄手法，最后将镜头停留在磨豆机上，如图10-29所示。

图 10-29

⑦ 镜头9

从俯视的角度运用特写镜头拍摄研磨好的咖啡粉，展示其粗细效果，如图10-30所示。

⑧ 镜头10

这个镜头采用近景的景别拍摄，使用固定镜头的拍摄手法展示过滤纸的使用方法，如图10-31所示。在拍摄这个镜头时将相机放在三脚架上，注意拍摄过程中尽量不要让咖啡师的手部和过滤纸移出画面，避免画面的不完整。

图 10-30

图 10-31

⑨ 镜头11

将手冲咖啡器具摆放在画面中间的位置，采用45° 俯视的角度并运用固定镜头的拍摄手法，表现咖啡冒出热气的状态，如图10-32所示。

⑩ 镜头12

采用俯视角度，运用特写镜头拍摄用细嘴手冲壶将热水均匀地冲在过滤纸上，使过滤纸全部湿润后紧贴在滤杯壁上的过程，如图10-33所示。

图10-32   图10-33

⑪ 镜头13

整个画面采用中间构图，为了表现水流入壶中加热咖啡壶的过程，需要采用摇动拍摄的手法自上而下拍摄，如图10-34所示。

图10-34

⑫ 镜头14、15、16

这3个镜头都使用了固定拍摄手法。为了清晰地表现第一次给咖啡冲水到焖煮的过程，镜头14和镜头16运用特写镜头拍摄，滤杯几乎占满了整个画面，将观众的视线集中在咖啡和冲水的手法上，如图10-35所示。拍摄时，由于滤杯有一定的深度，咖啡粉在其底部，光线比较弱，拍摄的咖啡粉一团黑，看不到咖啡粉的细节，此时可以借用手机里的手电筒进行补光。

图10-35

⑬ 镜头17

拍摄第二次冲水的过程，依旧采用和镜头16一样的拍摄手法和构图形式，如图10-36所示。

⑭ 镜头18

采用平视的角度，使用特写镜头拍摄咖啡从滤杯慢慢注入分享壶的过程，如图10-37所示。

图 10-36

图 10-37

⑮ 镜头19

拍摄第三次冲水的过程，采用和镜头16一样的拍摄手法和构图形式，如图10-38所示。

⑯ 镜头20

重复镜头18的拍摄手法，展示咖啡从滤杯慢慢注入分享壶的过程，如图10-39所示。

图 10-38

图 10-39

⑰ 镜头21

采用特写镜头，运用固定拍摄的手法表现咖啡的状态。构图上将分享壶位于画面的左2/3处，如图10-40所示。

⑱ 镜头22

将做好的咖啡徐徐倒入白色的咖啡杯中，如图10-41所示。

图 10-40

图 10-41

⑲ 镜头23

室外照射的阳光刚好可以作为天然的主灯，模特头顶上方的顶灯可以将模特面部照亮，让模特看起来更加立体。这个镜头从近景拉至远景，如图10-42所示，突出惬意、放松的氛围，以此为视频结束镜头。

图 10-42

10.3　商品视频制作

10.3.1　Premiere Pro CC 2020 基本操作

本小节将详细介绍项目文件的基本操作，如新建项目文件、打开已存在的项目文件，以及对象的基本操作等。

1. 项目文件的基本操作

在启动Premiere Pro CC 2020开始进行视频制作前，必须先创建新的项目文件或打开已存在的项目文件，这是Premiere Pro CC 2020最基本的操作之一。

（1）新建项目文件

选择"开始 → 所有程序 → Adobe Premiere Pro CC 2020"命令，或双击桌面上的Adobe Premiere Pro CC 2020快捷图标，打开软件。

选择"文件 → 新建 > 项目"命令，或按Ctrl+Alt+N组合键，弹出"新建项目"对话框，如图10-43所示。在"名称"选项的文本框中设置项目名称。单击"位置"选项右侧的 浏览 按钮，在弹出的对话框中选择项目文件保存路径。在"常规"选项卡中设置视频渲染和回放、视频、音频及捕捉等。在"暂存盘"选项卡中设置捕捉的视频、视频预览、音频预览、项目自动保存等，在"收录设置"选项卡中设置收录选项。单击"确定"按钮，即可创建一个新的项目文件。

选择"文件 → 新建 → 序列"命令，或按Ctrl+N组合键，弹出"新建序列"对话框，如图10-44所示，在"序列预设"选项卡中选择项目文件格式，如"DV-NTSC"制式下的"标准48kHz"，在右侧的"预设描述"选项区域中将列出相应的项目信息。在"设置"选项卡中可以设置编辑模式、时基、视频帧大小、像素长宽比、音频采样率等信息。在"轨道"选项卡中可以设置视音频轨道的相关信息。在"VR视频"选项卡中可以设置虚拟现实（Virtual reality，VR）属性。单击"确定"按钮，即可创建一个新的序列。

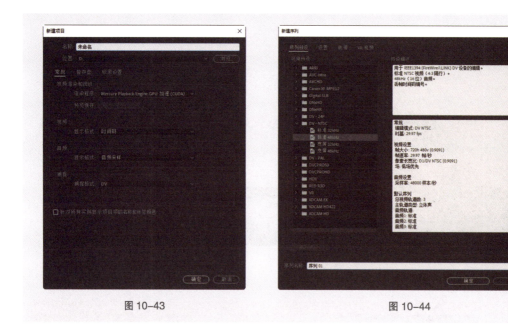

图 10-43　　　　　　　　　图 10-44

（2）打开已存在的项目文件

方法1：选择"文件 → 打开项目"命令，或按Ctrl+O组合键，在弹出的对话框中，选择需要打开的项目文件并单击"打开"按钮，即可打开已选择的项目文件，如图10-45所示。

图 10-45

方法2：选择"文件 → 打开最近使用的内容"命令，在其子菜单中选择需要打开的项目文件，如图10-46所示。

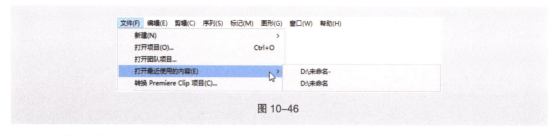

图 10-46

（3）保存项目文件

刚启动Premiere Pro CC 2020时，系统会提示用户先保存一个设置了参数的项目文件，因此，对于编辑过的项目文件，直接选择"文件 → 保存"命令或按Ctrl+S组合键，即可直接将其保存。此外，系统还会隔一段时间自动保存一次项目文件。

选择"文件 → 另存为"命令（或按Ctrl+Shift+S组合键），或者选择"文件 → 保存副本"命令（或按Ctrl+Alt+S组合键），弹出"保存项目"对话框，设置完成后，单击"保存"按钮，即可保存项目文件的副本。

（4）关闭项目文件

选择"文件 → 关闭项目"命令，即可关闭当前项目文件。如果对当前项目文件做了更改却尚未保存，系统将会弹出提示对话框，询问是否要保存对该项目文件所做的更改，如图10-47所示。单击"是"按钮，保存项目文件；单击"否"按钮，则不保存项目文件并直接关闭项目文件。

图10-47

2. 撤销与重做操作

通常情况下，一个完整的项目需要经过反复地调整、修改与比较才能完成，因此，Premiere Pro CC 2020提供了"撤销"与"重做"命令。

在编辑视频或音频时，如果用户的上一步操作是错误的，或对操作得到的效果不满意，选择"编辑 → 撤销"命令即可撤销该操作，如果连续选择此命令，则可连续撤销前面的多步操作。

如果要取消撤销操作，可选择"编辑 → 重做"命令。例如，删除一个素材，通过"撤销"命令撤销操作后，如果还想将这个素材删除，则只要选择"编辑 → 重做"命令即可。

3. 设置自动保存

设置自动保存功能的具体操作步骤如下。

（1）选择"编辑 → 首选项 → 自动保存"命令，弹出"首选项"对话框，如图10-48所示。

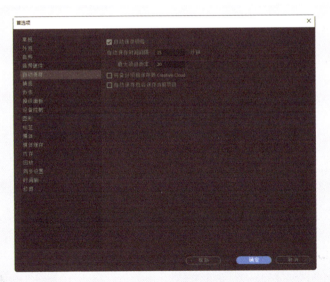

图10-48

（2）在"首选项"对话框的"自动保存"选项卡中，根据需要设置"自动保存时间间隔"及"最大项目版本"的数值，如在"自动保存时间间隔"文本框中输入20，在"最大项目版本"文本框中输入5，即表示每隔20min系统将自动保存一次项目文件，而且只存储最后5次保存的项目文件。

（3）设置完成后，单击"确定"按钮退出对话框，返回工作界面。这样，在以后的项目文件编辑过程中，系统就会按照设置的参数自动保存项目文件，用户就可以不必担心由于意外而造成工作数据的丢失。

4. 导入素材

Premiere Pro CC 2020支持大部分主流的视频、音频及图像文件格式。选择"文件 → 导入"命令，在"导入"对话框中选择所需要的文件格式和文件并确认即可导入素材，如图10-49所示。

（1）导入图层文件

以序列的方式导入图层文件的方法：选择"文件 → 导入"命令，在"导入"对话框中选择Photoshop、Illustrator等含有图层的文件格式，再选择需要导入的文件，单击"打开"按钮，会弹出"导入分层文件：02"提示对话框，如图10-50所示。

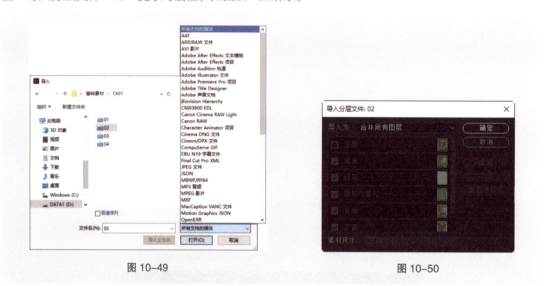

图 10-49   图 10-50

"导入为"下拉列表：用于设置PSD图层素材的导入方式，可选择"合并所有图层""合并图层""单层"或"序列"。

本例选择"序列"选项，如图10-51所示，单击"确定"按钮，在"项目"窗口中会自动产生一个文件夹，其中包括序列文件和图层素材，如图10-52所示。

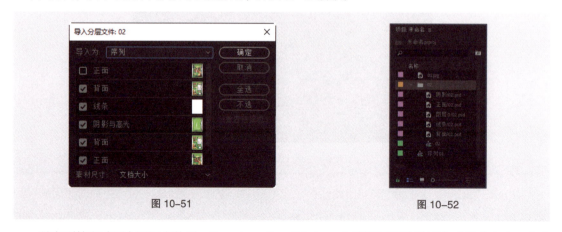

图 10-51   图 10-52

以序列的方式导入图层文件后，Premiere Pro CC 2022会按照图层的排列方式自动产生一个序列，可以双击打开该序列直接进行编辑。

（2）导入图片

序列文件是一种非常重要的源素材。它由若干幅按序排列的图片组成，用来记录活动影片，每幅图片代表1帧。通常，可以先在3ds Max、After Effects、Combustion等软件中产生序列文件，再将序列文件导入Premiere Pro CC 2020中使用。

序列文件以数字序号为序进行排列。当导入序列文件时，应在"首选项"对话框中设置图片的帧速率，也可以在导入序列文件后，在"解释素材"对话框中改变帧速率。导入序列文件的方法如下。

（1）在"项目"面板的空白区域双击，弹出"导入"对话框，找到序列文件所在的目录，勾选"图像序列"复选框，如图10-53所示。

（2）单击"打开"按钮，导入序列文件。序列文件导入后的状态如图10-54所示。

图 10-53

图 10-54

5. 解释素材

对于项目的素材文件，可以通过解释素材修改其属性。在"项目"面板中的素材上单击鼠标右键，在弹出的快捷菜单中选择"修改 → 解释素材"命令，弹出"修改剪辑"对话框，如图10-55所示。对话框中的常用选项区域如下。

图 10-55

"帧速率"选项区域：可以设置使用文件中的帧速率。

"像素长宽比"选项区域：可以设置使用文件的像素长宽比。

"场序"选项区域：可以设置使用文件的场序。

"Alpha通道"选项区域：可以对素材的透明通道进行设置。

"VR属性"选项区域：可以设置使用文件中的投影、布局、捕捉视图等信息。

6. 改变素材名称

在"项目"面板中的素材上单击鼠标右键，在弹出的快捷菜单中选择"重命名"命令，素材会处于可编辑状态，为其输入新名称即可，如图10-56所示。

电商视觉设计师可以为素材重命名以改变它原来的名称，这在一个视频中重复使用一个素材或复制了一个素材并为之设定新的入点和出点时极其有用。为素材重命名有助于在"项目"面板和序列中观看一个复制的素材时避免混淆素材。

7. 利用素材库组织素材

可以在"项目"面板建立一个素材库（即素材文件夹）用于管理素材。使用素材库，可以将节目中的素材分门别类、有条不紊地进行组织，这在组织包含大量素材的复杂节目时特别有用。

单击"项目"面板下方的"新建素材箱"按钮■，会自动创建新文件夹，如图10-57所示，单击左侧的■按钮可以返回到上一层级素材列表，依次类推。

图 10-56

图 10-57

8. 查找素材

在Premiere Pro CC 2020的"项目"面板中可以根据素材名、属性或附属的说明和标签查找素材，如可以查找所有文件格式相同的素材，如查找.avi和.mp3等素材。

单击"项目"面板下方的"查找"按钮■，或单击鼠标右键，在弹出的快捷菜单中选择"查找"命令，弹出"查找"对话框，如图10-58所示。

图 10-58

在"查找"对话框中选择查找的素材属性，可按照素材名、媒体类型和标签等属性进行查找。在"匹配"选项的下拉列表中，可以选择查找的关键字需要全部匹配还是部分匹配，若勾选"区分大小写"复选框，则必须将关键字的大小写输入正确。

在"查找"对话框右侧的文本框中输入查找素材的属性关键字。例如，要查找图片文件，可选择查找素材的属性为"名称"，在文本框中输入"JPEG"或其他文件格式，然后单击"查找"按钮，系统会自动找到"项目"面板中的图片文件。如果"项目"面板中有多个图片文件，可再次单击"查找"按钮查找下一个图片文件。单击"完成"按钮，可退出"查找"对话框。

> **提示：** 除了查找"项目"面板中的素材，用户还可以将序列中的视频自动定位，找到其项目中的源素材。在"时间轴"面板中的素材上单击鼠标右键，在弹出的快捷菜单中选择"在项目中显示"，如图10-59所示，即可找到"项目"面板中的相应素材，如图10-60所示。

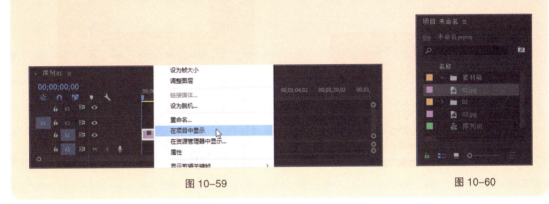

图 10-59　　　　　　　　　　　　　　　　　　　图 10-60

9. 离线素材

当打开一个项目文件时，系统若提示找不到源素材，如图10-61所示，这可能是源文件被改名或源素材磁盘上的存放位置发生了变化造成的。此时可以直接在磁盘上找到源素材，然后单击"选择"按钮，也可以单击"脱机"按钮，建立离线素材代替源素材。

图 10-61

由于Premiere Pro CC 2020使用直接方式工作，因此，如果磁盘上的源素材被删除或者移动，就会发生在项目中无法找到其磁盘源素材的情况。此时，可以建立一个离线素材。离线素材具有和其所替换的源素材相同的属性，可以对其进行与普通素材完全相同的操作。当找到所需源素材后，可以用该源素材替换离线素材，以进行正常编辑。离线素材实际上实现一个占位符的作用，它可以暂时占据源素材所处的位置。

在"项目"面板中单击"新建项"按钮，在弹出的列表中选择"脱机文件"选项，弹出"新建脱机文件"对话框，如图10-62所示，设置相关的参数后，单击"确定"按钮，弹出"脱机文件"对话框，如图10-63所示。

图 10-62   图 10-63

在"包含"选项的下拉列表中可以选择建立含有影像和声音的离线素材，或者仅含有其中一项的离线素材。在"音频格式"选项中设置音频的声道。在"磁带名称"选项的文本框中可以输入磁带卷标。在"文件名"选项的文本框中指定离线素材的名称。在"描述"选项的文本框中可以输入备注信息。在"场景"选项的文本框中输入注释离线素材与源素材场景的关联信息。在"拍摄/获取"选项的文本框中说明拍摄信息。在"记录注释"选项的文本框中可以记录离线素材的日志信息。在"时间码"选项区域中可以指定离线素材的时间。

如果要以实际素材替换离线素材，则可以在"项目"面板中的离线素材上单击鼠标右键，在弹出的快捷菜单中选择"链接媒体"命令，在弹出的对话框中指定实际素材并进行替换。

10.3.2　商品视频的制作流程

1. 导入与捕获素材

制作视频需要从摄影机或其他视频源中捕获媒体素材，将其导入计算机中，包括捕获和导入视频、照片、图形和音频素材。

2. 排列、修剪与组接素材

"时间线"面板是Premiere Pro CC 2020的核心，在其中可以将素材进行排列、修剪与组接，按照先后顺序将素材添加到不同的编辑轨道中。这些操作是制作视频的重要步骤。

3. 添加转场与特效

为视频添加转场与特效等效果，可以使视频从一个场景平滑地切换到另外一个场景，这种衔接方式会显得更加流畅、自然。

4. 添加音乐与旁白

一段视频即使画面再美，如果失去了音乐或者声音的衬托就会显得苍白无力，因此在后期剪辑中，需要根据画面的风格添加适合的音乐以达到完美的配合，而旁白的添加可以帮助消费者更好地理解商品的介绍和使用方法。

5. 添加字幕

为视频添加合适的说明字幕，可以将商品的关键信息进行强调，让消费者更清晰、直观地了解商品。

6. 视频输出

视频制作完成后，还需要将影片创建成视频文件，输出共享。

10.3.3 课堂案例——制作手冲咖啡的主图视频

1. 素材的导入

（1）打开Premiere Pro CC 2020，选择"文件 → 新建 → 项目"命令，弹出"新建项目"对话框，如图10-64所示，单击"确定"按钮，新建项目。选择"文件 → 新建 → 序列"命令，弹出"新建序列"对话框，单击"设置"选项卡，单击"确定"按钮，新建序列。

图 10-64

（2）选择"文件 → 导入"命令，或按Ctrl+I组合键，弹出"导入"对话框，选择需要导入的文件，如图10-65所示。单击"打开"按钮，导入序列文件。序列文件导入后的状态如图10-66所示。

图 10-65   图 10-66

2. 素材的剪辑与组接

在Premiere Pro CC 2020中，可以在"时间线"面板中通过增加或删除帧剪辑素材，以改变素材的长度。

（1）在"项目"面板中，选中"01"文件并将其拖曳到"时间线"面板中的"视频1"轨道中，弹出"剪辑不匹配警告"对话框，如图10-67所示，单击"保持现有设置"按钮，在保持现有序列设置的情况下将文件放置在"视频1"轨道中，效果如图10-68所示。

图 10-67   图 10-68

（2）选中"时间线"面板中的"01"文件，如图10-69所示，单击鼠标右键，在弹出的菜单中选择"取消链接"命令，取消音频与视频的链接。选中"音频1"轨道中的音频文件，按Delete键将其删除，效果如图10-70所示。

图 10-69   图 10-70

（3）将时间标签放置在05:00s的位置上，如图10-71所示。将鼠标指针放在"01"文件的结束位置上，显示编辑点。当鼠标指针呈◄►状时，向左拖曳鼠标指针到05:00s的位置，效果如图10-72所示。

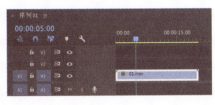

图 10-71   图 10-72

（4）选中"时间线"面板中的"01"文件，如图10-73所示。按Ctrl+C组合键，复制"01"文件。按Ctrl+V组合键，粘贴"01"文件，如图10-74所示。

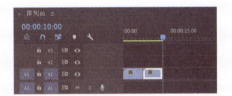

图 10-73   图 10-74

（5）用相同的方法将其他素材拖曳到"时间线"面板中并进行剪辑与组接，如图10-75所示。

图 10-75

（6）选中"时间线"面板中的"10.avi"素材。单击鼠标右键，在弹出的菜单中选择"速度/持续时间"命令，在弹出的对话框中进行设置，如图10-76所示，效果如图10-77所示。

图 10-76

图 10-77

3．添加转场效果

（1）选择"效果"面板，展开"视频效果"特效分类选项，单击"风格化"文件夹前面的按钮▶

将其展开，选中"彩色浮雕"特效，如图10-78所示。将"浮雕"特效拖曳到"时间线"面板"视频1"轨道中的"01"文件上。选择"效果控件"面板，展开"彩色浮雕"选项，将"起伏"选项设置为3.00，其他选项的设置如图10-79所示。在"节目"面板中预览效果，如图10-80所示。

图 10-78

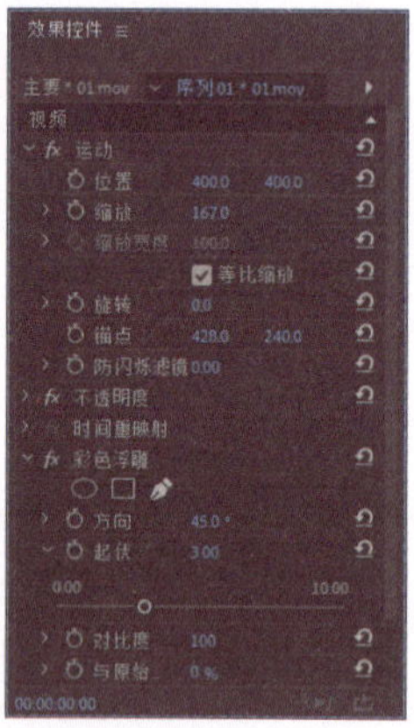

图 10-79

图 10-80

232

（2）选择"效果"面板，展开"视频过渡"特效分类选项，单击"3D运动"文件夹前面的按钮▶将其展开，选中"立方体旋转"特效，如图10-81所示。将"立方体旋转"特效拖曳到"时间线"面板"视频1"轨道中的"01"文件的结束位置与"01"文件的开始位置交界处，如图10-82所示。

图 10-81

图 10-82

（3）选择"效果"面板，展开"视频过渡"特效分类选项，单击"擦除"文件夹前面的按钮▶将其展开，选中"双侧平推门"特效，如图10-83所示。将"双侧平推门"特效拖曳到"时间线"面板"视频1"轨道中的"01"文件的结束位置与"02-1"文件的开始位置交界处，如图10-84所示。

图 10-83

图 10-84

（4）使用相同的方法为其他素材添加需要的转场效果，如图10-85所示。

图 10-85

4. 添加字幕与音频

（1）将时间标签放置在36:00s的位置上，选择"文件 → 新建 → 旧版标题"命令，弹出"新建字幕"对话框，如图10-86所示，单击"确定"按钮。选择"工具"面板中的"文字"工具▮，在"字幕"面板中单击插入光标，输入需要的文字。在"旧版标题属性"面板中展开"变换"栏，选项的设置如图10-87所示。

图 10-86

图 10-87

（2）展开"属性"栏，选项的设置如图10-88所示。展开"填充"栏，将"颜色"选项设置为白色，展开"描边"栏，将"颜色"选项设置为黑色，其他选项的设置如图10-89所示，效果如图10-90所示。关闭"字幕"面板，新建的字幕文件自动保存到"项目"面板中。

图 10-88

图 10-89

图 10-90

（3）在"项目"面板中，选中"字幕 01"文件并将其拖曳到"时间线"面板中的"视频2"轨道中，如图10-91所示。将鼠标指针放在"字幕 01"文件的结束位置，显示编辑点。当鼠标指针呈◄状时，向左拖曳鼠标指针到适当的位置，效果如图10-92所示。

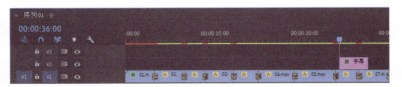

图 10-91

图 10-92

（4）使用相同的方法为其他素材添加需要的字幕，如图10-93所示。

图 10-93

（5）在"项目"面板中，选中"22"文件并将其拖曳到"时间线"面板中的"音频1"轨道中，如图10-94所示。将鼠标指针放在"22"文件的结束位置，显示编辑点。当鼠标指针呈 ◁ 状时，向左拖曳鼠标指针到"21"文件的结束位置，效果如图10-95所示。

图 10-94

图 10-95

（6）选中"时间线"面板中的"22"文件。选择"效果"面板，展开"音频效果"特效分类选项，选中"模拟延迟"特效，如图10-96所示。将"模拟延迟"特效拖曳到"时间线"面板"音频1"轨道中的"22"文件上。在"效果控件"面板中进行设置，如图10-97所示。

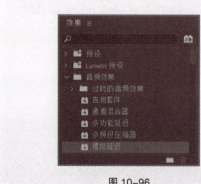

图 10-96

图 10-97

5. 视频的输出

（1）选择"文件 → 导出 → 媒体"命令，弹出"导出设置"对话框。

（2）在"导出设置"菜单中勾选"与序列设置匹配"复选框，在"输出名称"选项的文本框中输入文件名并设置文件的保存路径，其他选项的设置如图10-98所示。

（3）设置完成后，单击"导出"按钮，输出.mpeg格式的视频。

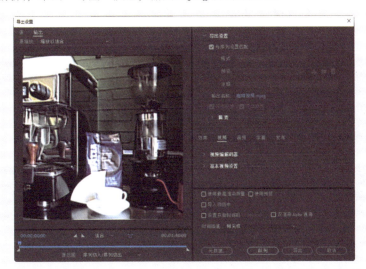

图 10-98

10.4 课堂练习——拍摄体育用品的页面视频

【练习知识要点】使用不同景别与拍摄手法拍摄体育用品的页面视频，最终效果如图10-99所示。

图 10-99

10.5 课后习题——制作体育用品的页面视频

【习题知识要点】运用视频剪辑的技巧制作体育用品的页面视频并完成视频的上传，最终效果如图10-100所示。

【效果文件位置】云盘/Ch10/10.5课后习题——制作体育用品的页面视频/工程文件.prproj。

图 10-100

电商视觉设计（全彩慕课版）